Coleção Jovem Leitor

ARIANO SUASSUNA

VIDA-NOVA BRASILEIRA E OUTROS TEXTOS EM PROSA E VERSO

ORGANIZAÇÃO, APRESENTAÇÃO E NOTAS
CARLOS NEWTON JÚNIOR

EDITORA
NOVA
FRONTEIRA

Copyright © 2022 Ilumiara Ariano Suassuna.

Direitos de edição da obra em língua portuguesa no Brasil adquiridos pela Editora Nova Fronteira Participações S.A. Todos os direitos reservados. Nenhuma parte desta obra pode ser apropriada e estocada em sistema de banco de dados ou processo similar, em qualquer forma ou meio, seja eletrônico, de fotocópia, gravação etc., sem a permissão do detentor do copirraite.

Editora Nova Fronteira Participações S.A.
Rua Candelária, 60 — 7º andar — Centro — 20091-020
Rio de Janeiro — RJ — Brasil
Tel.: (21) 3882-8200

Dados Internacionais de Catalogação na Publicação (CIP)

S939i Suassuna, Ariano
Vida-Nova Brasileira e Outros Textos em Prosa e Verso/ Ariano Suassuna. – 1. ed. – Rio de Janeiro: Nova Fronteira, 2022.
240 p.; 13,5 x 20,8 cm

ISBN: 978-65-5640-532-2

1. Literatura brasileira. I. Título.

CDD: B869
CDU: 821.134.3(81)

André Queiroz – CRB-4/2242

Conheça outros livros do autor:

Sumário

Apresentação 7

PROSA 13
   O caso do coletor assassinado 15
   O casamento 35
PROSA-POESIA 59
   Vida-nova brasileira 61
POESIA 79
   Poema 81
   Ode a Capiba 82
   Ao Cristo crucificado 84
   A uma dama transitória 85
   Ode a Zélia 86
   O poeta a si mesmo 88
   O presépio e nós (poema de Natal) 89
   Canto popular da Paixão 91
   Romance em louvor de Manuel Bandeira 93
   A cantiga de Jesuíno 98
   Dístico 101
   Galope à beira-mar 103
   Martelo agalopado 105
   Infância 107
   Abertura "sob pele de ovelha" 108
CORDEL 109
   Romance de João e Maria 111
TEATRO 127
   A caseira e a catarina 129

Cronologia de Ariano Suassuna 211

Apresentação

Carlos Newton Júnior

De modo semelhante ao que fizemos na organização do livro *A Pensão de Dona Berta e Outras Histórias para Jovens*,[1] selecionamos aqui alguns textos de Ariano Suassuna que, embora não tenham sido escritos prioritariamente para o público juvenil, se prestam muito bem, em nossa opinião (falível como qualquer outra, aliás), à missão de introduzir o jovem leitor no riquíssimo universo ficcional do criador do *Auto da Compadecida* e de outras obras admiráveis.

Os dois contos que abrem o volume, "O caso do coletor assassinado" e "O casamento", foram originalmente escritos para a extensa trilogia iniciada com o *Romance d'A Pedra do Reino e o Príncipe do Sangue do Vai-e-Volta* — ou, mais simplesmente, *A Pedra do Reino* — e interrompida com a *História d'O Rei Degolado nas Caatingas do Sertão* — ou, também de forma simplificada, *O Rei Degolado*. Baseados em histórias reais (a primeira, narrada ao autor pelo escritor Wilson Lins, e a segunda, por seu tio materno, Manuel Dantas Villar), servem-nos como testemunho irretocável do poder dos coronéis, da moral e dos costumes patriarcais vigentes no sertão nordestino nas primeiras décadas do século passado. Caso Suassuna não tivesse desistido do projeto da trilogia, os contos certamente apareceriam como capítulos de *O Rei Degolado*, interrompido após a publicação, em folhetins dominicais do *Diário de Pernambuco*, do seu segundo livro,[2] intitulado "As infâncias de Quaderna". Por isso

---

[1] SUASSUNA, Ariano. *A Pensão de Dona Berta e Outras Histórias para Jovens*. Org. de Carlos Newton Júnior. Rio de Janeiro: Nova Fronteira, 2021.

[2] Suassuna chamou de "livros" às partes de cada um dos romances.

são ambos narrados por Pedro Dinis Ferreira-Quaderna, o protagonista-narrador de toda a trilogia.[3] Os dois contos, que chegaram a ser publicados de forma antecipada na *Seleta em Prosa e Verso*,[4] antes mesmo da publicação do primeiro livro de *O Rei Degolado*, foram posteriormente teatralizados, isto é, adaptados para o palco (com a supressão de alguns personagens e a adoção de cenário único), dando origem aos dois primeiros atos de *As Conchambranças de Quaderna*, de 1987, peça que marcou o retorno de Suassuna à escrita teatral após um intervalo de mais de 25 anos.

Logo após esses dois textos em prosa, o leitor encontrará um belíssimo texto em prosa e verso, a *Vida-Nova Brasileira*. Escrito na década de 1970, provavelmente entre os anos 1970 e 1974, a princípio sob o título de *Vida-Nova Sertaneja*, o texto foi revisto para a gravação do disco (CD) *A Poesia Viva de Ariano Suassuna*, lançado em 1998, no qual o próprio Suassuna o declama, sobre fundo musical criado por Antonio Madureira. O texto é inspirado, como o próprio título indica, na *Vida Nova*, de Dante Alighieri, o célebre autor da *Divina Comédia*. Em *Vida Nova*, livro dedicado à memória de sua amada, Beatriz, Dante intercala poemas em um texto em prosa, no qual procura explicar a origem e o significado de cada um dos poemas. É uma espécie de autobiografia poética em prosa e verso, escrita por um homem que entendia toda a sua vida como uma viagem em torno do seu amor por Beatriz, morta prematuramente. Suassuna faz coisa semelhante, escrevendo a sua

---

[3] Caso tivesse sido concluída, a trilogia se chamaria *A Maravilhosa Desaventura de Quaderna, O Decifrador e a Demanda Novelosa do Reino do Sertão.*

[4] SUASSUNA, Ariano. *Seleta em Prosa e Verso*. Apresentação, estudos e notas de Silviano Santiago. Rio de Janeiro: José Olympio; Brasília, INL, 1974.

autobiografia poética também de forma híbrida, mas em texto bem mais curto e com menos poemas do que o de Dante, e usando, no caso dos poemas, apenas sonetos, enquanto Dante alternou os seus sonetos com outras formas de composição poética. No texto de Suassuna, encontram-se apenas dezesseis sonetos, alguns, inclusive, escritos antes da ideia do conjunto e que já haviam sido publicados em jornal. A importância da parte em prosa da *Vida-Nova Brasileira* reside, sobretudo, na parcela de luz que termina lançando sobre a maioria dos sonetos, de inegável hermetismo quando lidos isoladamente. Os mesmos sonetos, vale lembrar, foram ainda retrabalhados na década de 1980, para a composição de dois belíssimos álbuns de *iluminogravuras* (trabalho em que Suassuna associava seu talento de escritor ao de artista plástico), intitulados *Dez Sonetos com Mote Alheio* e *Sonetos de Albano Cervonegro*.

Os poemas reunidos na seção seguinte, na parte dedicada especificamente à poesia, procuram dar uma pequena mostra não apenas da qualidade da poesia de Suassuna (seguramente a parte menos conhecida e comentada de sua obra), mas da diversidade de formas que ela abarca, desde formas eruditas, a exemplo do soneto, a formas populares, como o martelo agalopado ou o galope à beira-mar, com o predomínio absoluto do verso metrificado sobre o verso livre. Dois desses poemas, musicados por Capiba,[5] tornaram-se mais conhecidos a partir de sua divulgação em disco: "A uma dama transitória" e "A cantiga de Jesuíno".

Quanto ao *Romance de João e Maria*, desconhecemos qualquer edição anterior do texto, aqui transcrito a partir

---

[5] Nome artístico de Lourenço da Fonseca Barbosa (1904-1997), nascido em Surubim, Pernambuco, e um dos maiores músicos brasileiros do século XX.

de um original datilografado cuja cópia mantínhamos em nosso acervo pessoal. Escrito e assinado na forma dos romances da literatura de cordel, com o nome *Ariano* em acróstico, na última estrofe, o texto corrobora as inúmeras declarações do autor a propósito de sua admiração incondicional pelas manifestações artísticas que compõem o romanceiro popular nordestino, universo que engloba desde a poesia improvisada dos cantadores, com suas múltiplas formas e estrofes, à literatura de cordel e de tradição oral decorada (romances, abecês, pelejas etc.). Uma admiração — vale a pena frisar — que se fundamentava no caráter mais propriamente estético dessas manifestações do que no histórico ou sociológico, e que se espraiava para outras artes de algum modo ligadas ao romanceiro, a exemplo das xilogravuras populares que costumam ilustrar as capas dos folhetos de cordel.

Chamamos ainda a atenção do leitor para o uso personalíssimo que Suassuna fazia de iniciais maiúsculas e hifens, tanto em prosa quanto em verso. No caso específico do título *Vida-Nova Brasileira*, o autor insistia no uso do hífen para esclarecimento do sentido, evitando-se, assim, a leitura do vocábulo "Brasileira" enquanto substantivo. De qualquer forma, seja por influência do Simbolismo, seja para atribuir certo caráter visual e emblemático às palavras e expressões, que logo saltam à nossa vista, seja mesmo por pura arbitrariedade do seu juízo criador e livre, o fato é que a disseminação de maiúsculas e hifens à revelia da gramática é uma evidente característica do estilo do autor, que sempre procuramos respeitar na fixação e organização dos seus textos. Quanto aos dois contos iniciais, não custa relembrar que são ambos narrados por Quaderna, de maneira que o "estilo régio" praticado pelo personagem, e minuciosamente explicado em *A Pedra do Reino*, não poderia deixar de se fazer presente, com todas as liberdades gramaticais assumidas por seu criador em relação à norma culta.

Encerra o volume uma seção de teatro contendo a divertidíssima comédia *A Caseira e a Catarina*, de 1961. Esta peça em um só ato, composta em versos de sete sílabas (alguns dos quais repartidos entre as falas de mais de um personagem), é de uma riqueza realmente admirável, pela carpintaria, pelo ritmo dos diálogos, pelas inúmeras situações risíveis criadas em cenário único etc. Por mais incrível que possa parecer, a trama é baseada em um fato provavelmente verídico, noticiado em jornal — uma senhora que tenta intimar o Diabo a comparecer perante a Justiça, sob a alegação de ele não ter cumprido certo acordo que fizera com ela.

E fechamos esta breve antologia como quem fecha um círculo, voltando ao ponto de partida e retomando a linha aberta com os dois contos iniciais. É que também *A Caseira e a Catarina* foi retrabalhada pelo autor em 1987 — os diálogos foram prosificados e expandidos; o nome de um dos personagens, o juiz, foi levemente alterado (de Orlando para Rolando); e, com a devida substituição do personagem Severino Bisaquinho pelo nosso velho Quaderna, a comédia em ato único terminou se transformando no terceiro e último ato de *As Conchambranças de Quaderna*, peça por nós já referida de início.

Recife, 7 de março de 2021.

Prosa

O CASO DO COLETOR ASSASSINADO

Em 1920, o Exmo. Sr. Doutor Solon de Lucena assumiu o governo da Paraíba do Norte. Ao assumi-lo, era considerado, com justiça, um digno continuador do Coronel Antônio Pessoa, de quem fora amigo e discípulo. Sua candidatura surgira, assim, para compensar as hostilidades que o Coronel Pessoa sofrera do Presidente[6] anterior, Camilo de Hollanda, que tentara tomar nosso estado do predomínio dos Pessoas.

Meu Padrinho, o fazendeiro Dom Pedro Sebastião Garcia-Barretto, apesar de militante da oposição e irreconciliável adversário dos Pessoas, era o verdadeiro senhor e dono do nosso Sertão do Cariri. Sua família fora das primeiras a chegar a este Sertão alto, seco e pedregoso que é o nosso, obtendo sesmarias que seguiam o curso do Rio Taperoá desde sua confluência com o Rio Paraíba, em Cabaceiras, até a Serra do Teixeira, onde se limitavam com as sesmarias dos Dantas, velhos amigos e aliados, também da oposição.

Os Garcia-Barrettos eram, além disso, os verdadeiros fundadores da nossa Vila. Ao chegarem, no século XVIII, tinham construído a casa-forte da Fazenda Onça Malhada, que ainda hoje existe. Depois, porém, tinham desmembrado de suas terras um pedaço, que é, exatamente, aquele onde hoje se ergue a nossa Vila. Aí, fundaram a Capela de São Sebastião, construindo, ao mesmo tempo, a uns vinte metros da Capela, outro casarão, este erguido já na segunda metade do século XIX. Fora em torno dessa Capela e desse casarão que se edificara nossa gloriosa e indômita Vila.

---

[6] O cargo de "Presidente" equivalia ao atual cargo de "Governador".

Assim, a despeito da autoridade dos Pessoas sobre o estado, meu Padrinho era o verdadeiro Senhor do Cariri — senhor de baraço e cutelo —, como seu Pai já fora e como tinham sido, também, todos os seus antepassados, isto desde Dom José Sebastião Garcia-Barretto, o primeiro que chegara ao Sertão, recebendo terras por concessão d'El-Rei Dom João V.

Um dia, em junho de 1924, quando já estava para terminar o governo do Presidente Solon de Lucena, eu estava na Farmácia, sentado num tamborete, conversando pacatamente com meu amigo Hermann Cavalcanti de Queiroz, quando me chegou um recado de meu Padrinho, dizendo que eu passasse na Mesa de Rendas, chamasse o Administrador — Seu Evilásio Caldas — e que nos apresentássemos os dois, imediatamente, na casa dos Garcia-Barrettos, pois lá ele estava nos esperando, para tratar de um assunto urgente e de grande gravidade.

Obedeci imediatamente. Passei na Mesa de Rendas — hoje Coletoria Estadual —, chamei seu Evilásio Caldas, e ele me acompanhou sem discutir, pois era, como todos nós, apaniguado, correligionário, protegido e preposto de meu Padrinho, que conseguira para ele, no governo do Presidente Camilo de Hollanda, aquele polpudo cargo de Administrador da Mesa de Rendas.

Dirigimo-nos então, os dois, para a casa dos Garcia--Barrettos, onde entramos sem bater, com a familiaridade que eu tinha, como afilhado, sobrinho e filho de criação da casa.

Fomos encontrar meu Padrinho sentado numa cadeira de balanço da sala de visitas, com a fisionomia fechada e severa, e com um exemplar do jornal governista, *A União,* colocado perto dele, em cima da mesa de centro. Com a cara barbada e profética que sempre teve, com o casacão de mescla azul abotoado até o pescoço — e que, juntamente com as meias-botas e a bengala, lhe davam um aspecto ao mesmo tempo sertanejo, fidalgo e meio-militar —, meu Padrinho nos aguardava com um ar enfarruscado, que prenunciava, para um de nós dois, um mau quarto de hora.

    Meu Padrinho era homem bondoso, mas ríspido e inflexível em certas coisas. Eu era pessoa de seu especial afeto. O Advogado e o Promotor da nossa Vila, que tinham morado conosco muito tempo, na Fazenda Onça Malhada, costumavam dizer, com despeito, que não entendiam aquele *fraco* que um homem como meu Padrinho tinha por mim. Minha Mãe era irmã bastarda dele, e meu Pai, Pedro Justino Ferreira-Quaderna, fora, durante toda a sua vida, uma espécie de agregado e conselheiro seu. Depois da morte de meu Pai, eu, na qualidade de Seminarista (que tinha sido obrigado a ser), fora, aos poucos, ocupando, junto a meu Padrinho, o lugar vago. Sem que os outros percebessem, eu aproveitava a minha batina para me impor quase como Padre, suprindo minha pouca idade relativa com as dignidades futuras do sacerdócio a que estava destinado. Infelizmente, porém, por aquele tempo, eu fora expulso do Seminário, por motivos que contarei depois.

    A princípio, meu Padrinho, vendo-me expulso, ficou indignado comigo. Descobrindo, porém, aos poucos, que eu prometia ser ainda melhor Conselheiro do que meu Pai — pois eu "tinha astúcias", coisa de que meu pobre Pai era quase destituído —, deixara de resmungar, e estava aguardando uma oportunidade para me encaminhar na vida, já que, agora, a messe do Senhor estava fechada para mim.

    Naquele dia, porém, vendo meu Padrinho com a cara que, nele, indicava cólera violenta, tempestade e assunto grave, pensei que alguma nova capilossada minha tinha chegado ao seu conhecimento; e estremeci, porque, zangado, ele era homem duro e temível.

Felizmente para mim a tempestade soprava noutra direção e não na minha. Sem se erguer da cadeira onde estava sentado, meu Padrinho, com o queixo apoiado na bengala, fez um aceno para o exemplar de *A União* que estava perto dele, e falou com voz surda:

— Seu Evilásio Caldas, o que foi que o senhor andou fazendo para me matar de vergonha?

Seu Evilásio, pondo-se pálido, gaguejou:

— Eu? Eu, Chefe?

— Sim, o senhor! — gritou meu Padrinho, furioso. — O jornal do Governo diz, aí, que você deu um desfalque na Mesa de Rendas! Foi nomeada uma Comissão de Inquérito que, pelas notícias e pelos cálculos que fiz, chegará aqui em Taperoá ainda hoje, à tarde, se é que saíram de Campina, mesmo, na hora marcada pelo jornal! Felizmente a mala do Correio chegava hoje e trouxe *A União*, de outra forma eu teria sido pegado de surpresa! E então? O que é que o senhor me diz? Você deu o desfalque?

Do modo mais cauteloso que lhe era possível em assunto tão delicado, Seu Evilásio Caldas falou, tateando aquele terreno escorregadio:

— Bem, Chefe, desfalque, desfalque mesmo, eu não dei não!

— E desfalque sem ser *desfalque mesmo*, deu? O que foi que o senhor andou fazendo para cobrir sua família e seus amigos de vergonha?

— Chefe — balbuciou Seu Evilásio —, a única coisa que eu fiz foi tomar um dinheiro emprestado à Mesa de Rendas!

— Dinheiro emprestado, seu cabra sem-vergonha? E a Mesa de Rendas pode emprestar dinheiro a um particular, assim?

— Tanto pode, que emprestou! — deixou escapar Seu Evilásio, sem se sentir.

Meu Padrinho enfureceu-se:

— Cale-se, seu irresponsável! — gritou ele. — Faz uma canalhice dessas e ainda vem com galhofas, na hora de prestar contas! Você, melhor do que ninguém, podia avaliar a gravidade do crime que estava cometendo! Ninguém, melhor do que você, sabe da hostilidade do Governo e dos Pessoas contra mim! E contra você também, por minha causa! Você só foi nomeado para esse emprego por causa da briga existente entre o Doutor Camilo de Hollanda e o Coronel Antônio Pessoa! Agora, os Pessoas estão, de novo, com toda a força, no estado! E é num momento desses que o senhor, irresponsavelmente, dá ao Governo um pretexto para me desmoralizar!

Seu Evilásio, sem ter o que objetar nem como se defender, baixou a cabeça. Meu Padrinho voltou à carga:

— Quanto foi que o senhor tirou, do dinheiro do estado?

— Chefe, não se zangue comigo não, mas devem ter sido, aí, uns vinte contos!

— Meu Deus, uma fortuna! O senhor não tem vergonha de ter se apropriado assim, desonestamente, do dinheiro público, não?

Seu Evilásio estremeceu, mas deixou passar o "desonestamente" e disse apenas:

— Chefe, era só um adiantamento.

— Adiantamento! Adiantamento de vinte contos!

— O primeiro pedaço de dinheiro que eu tirei era pequeno, não chegava nem a três contos de réis, e eu esperava repor, logo, o mesmo dinheiro no cofre! O diabo é que apareceu, logo ali também, uma despesa nova, com o casamento da minha menina, sua afilhada, e eu lancei mão de mais dois contos!

— Me pedisse o dinheiro! Eu nunca neguei dinheiro a você!

— Chefe, eu não queria que parecesse que eu só tinha chamado o senhor para padrinho de minha filha para arranjar essas ajudas suas! Aí, depois do casamento da menina, comecei a me apertar com as despesas. Veio a seca, e eu, em vez de repor, tive foi que tirar outro pedaço de dinheiro. E foi assim, de pedaço em pedaço, que terminei chegando nos vinte contos! Mas o senhor acredite que minha intenção não era dar desfalque não, eu pretendia pagar tudo!

— Infeliz, todo mundo que dá desfalque, é assim que começa! Quando a pessoa abre os olhos, está tudo perdido e ele com nome de ladrão!

— Chefe, eu sei que fiz errado e que lhe causei um mal muito grande! Mas, pelo amor de Deus, acredite que eu queria pagar! Acredite, pelo menos acredite! Tentei ir repondo o dinheiro, com a venda de umas terrinhas que eu possuía e que fui vendendo, aos poucos! Tanto assim que cheguei a pagar quase cinco contos! Sim, é isso, minha dívida, agora, deve ser somente de uns quinze contos, mais ou menos!

— E o que é que adianta isso? Dinheiro furtado, tanto faz trinta, como vinte ou quinze contos, é tudo a mesma coisa! Para a Comissão, não interessa saber se você repôs um pedaço ou não! Nem para mim, também! O que eu quero saber é como vai ser, agora! A tal Comissão está para chegar! Pergunto ao senhor: o senhor tem o dinheiro para repor no cofre da Mesa de Rendas?

— Tenho não, Chefe!

— E como é que vai ser?

— O senhor é que sabe! — disse Seu Evilásio, no tom de apelo implícito mais humilde que pôde arranjar.

— Eu? — trovejou meu Padrinho. — E fui eu que tirei o dinheiro? Olhe, Evilásio, saiba que eu não vou dar nem um passo para defender você! Eu pensava que você não tinha culpa! Mas, se tem, você é quem vai pagar e responder por ela!

— O que é que eu posso fazer então, Chefe? É esperar a Comissão, confessar o que aconteceu e aguentar as consequências!

— Inclusive a cadeia?

— Inclusive a cadeia, se não tiver outro jeito! — falou Seu Evilásio esmagado, baixando de novo a cabeça.

Com medo de que aquela cara dele abrandasse o coração, violento e austero, mas bondoso, de meu Padrinho, resolvi intervir. Ocorrera-me que aquela era minha grande oportunidade: demitido Seu Evilásio, eu poderia ser nomeado, talvez, para o lugar dele, conseguindo o lugar que me permitiria iniciar minha vida. Segundo constava, o Presidente que estava para suceder ao Doutor Solon de Lucena era, apesar de homem dos Pessoas, casado com uma senhora da família do Doutor Manuel Dantas Corrêa de Goes, de modo que não era, absolutamente, hostil aos grandes Chefes sertanejos, mesmo da oposição. Assim, se meu Padrinho quisesse, teria condições de me nomear para o cargo de Administrador da Mesa de Rendas — desde que Seu Evilásio Caldas fosse, mesmo, demitido.

Então, assumindo mais uma vez meu papel de Conselheiro, intervim rapidamente, pedindo a meu Padrinho que "me concedesse um *particular*, lá dentro, no seu *Gabinete*". Meu Padrinho, com ar ainda enfarruscado, concedeu a entrevista e foi comigo para o lugar sugerido. Chegando lá, falei:

— Meu Padrinho, não podemos consentir que Seu Evilásio Caldas seja demitido, desmoralizado e preso, assim, de jeito nenhum! Esse pessoal do Governo quer atingir é o senhor, por meio dele!

— Isso é verdade! — falou meu Padrinho, pensativo. — Mas que jeito eu posso dar? Roubar, ele mesmo confessa que roubou! Só se repusesse o dinheiro! Cheguei a pensar nisso, não por causa desse irresponsável de Evilásio, mas por mim mesmo! Por falta de sorte minha, porém, mandei, hoje, um dinheiro para Campina Grande, de modo que estou, aqui, sem nem um tostão no cofre! Só se eu tomar dinheiro aí, a uma porção de amigos, até juntar os vinte contos! Quem poderia contribuir assim, depressa? O Coronel Chico Bezerra, Seu Taigy, o Coronel Coura, o velho Zeca Simões talvez... Mas será que eles estão em condições de me arranjar tanto dinheiro assim, daqui para a boca da noite, quando chega a Comissão?

Com medo de que ele seguisse esse caminho que poderia atrapalhar meu plano, discordei:

— Não dá certo não, meu Padrinho! Se o senhor começa a pedir o dinheiro, a história transpira, se espalha, e aí a Comissão vai saber de tudo, mesmo que o senhor reponha o dinheiro tirado! Temos outro caminho, que eu penso que vai resolver tudo melhor!

Então, procurando ser o mais convincente possível, abri meu jogo e expliquei-lhe as linhas gerais da minha ideia. Durante a explanação, ele fez várias objeções, às quais eu respondi, modéstia à parte, com segurança e firmeza. Quando terminei, ele olhou para mim, meio espantado, mas sem esconder, também, uma certa admiração. Parecia notar, pela primeira vez, que eu já era um homem adulto. Por outro lado, estava começando a descobrir minhas habilidades e a ver que, com as astúcias que eu já trouxera do berço, e mais com as que aprendera na vida e no Seminário, estava a caminho de me tornar muito mais útil do que ele talvez julgara a princípio. Terminei perguntando a ele:

— O senhor me dá carta branca para agir?
— Dou! — disse ele.

— O que eu quero é que o senhor confirme tudo o que eu mandar, e exija, de todo mundo, segredo, segredo absoluto, sob pena de morte! Posso contar com o senhor?

— Pode, vamos! — disse ele, decidido.

Quando fomos chegando à sala de visitas, onde Seu Evilásio Caldas nos aguardava com olhos ansiosos, meu Padrinho olhou para ele durante alguns momentos e depois disse, com ar duro:

— Seu Evilásio, meu afilhado Dinis, aqui, me deu, para seu caso, uma orientação que achei boa, de modo que resolvi seguir o conselho dele! D'agora em diante, o senhor vai ouvir a palavra dele como se fosse a minha, ele é quem vai mandar em tudo! Está de acordo?

— Estou, Chefe! — disse Seu Evilásio, olhando-me com um ar entre intrigado e esperançoso.

Então meu Padrinho, depois de ponderar ainda um pouco, pareceu ter tomado uma decisão definitiva e gritou para dentro:

— Marcolino! Chame, aí, Bento Félix e Joaquim Brejeiro, e venham cá!

Olhei para a cara de Evilásio Caldas: como eu já esperava, notei que ele ficara meio sobressaltado, no que tinha, aliás, toda razão. Marcolino, Bento Félix e Joaquim Brejeiro eram três dos mais violentos e dispostos cabras-do-rifle da Onça Malhada. Por isso, não me admirava o sobrosso de Seu Evilásio, sobrosso que aumentou mais ainda quando ele viu entrarem na sala aqueles três personagens, todos três de cara de pedra, armados até os dentes, impassíveis, cegos de devoção por meu Padrinho e resolvidos a cumprir qualquer ordem que dele recebessem. Os três entraram, e, sem uma palavra, dispuseram-se na sala de um modo que nos deixou perfeitamente encurralados — um diante da porta do corredor, outro na porta da rua, e o terceiro postado junto a Seu Evilásio Caldas e diante de meu Padrinho.

Tomei, imediatamente, a iniciativa dos acontecimentos:

— Bento Félix — falei —, meu Padrinho quer que você vá chamar, aqui, o Tabelião, Seu Belo! Diga a Seu Belo que traga pena, tinteiro, o escrevente, e também aquele livro grande, do Cartório, onde ele anota as certidões de óbito daqui!

Bento Félix olhou para meu Padrinho. Ele inclinou a cabeça, consentindo, e o cabra saiu para a rua, a fim de cumprir a ordem. Seu Evilásio, inquieto, arriscou uma pergunta:

— Chefe, posso saber o que foi que o senhor resolveu a meu respeito?

— O senhor cale-se e espere! — disse meu Padrinho, de novo ríspido.

Seu Evilásio calou-se e esperou. Qualquer que fosse a resolução, sabia que não tinha como discuti-la, nem como resistir, de modo que o jeito era resignar-se.

Durante alguns momentos, ficamos, pois, à espera, eu e Evilásio Caldas sentados no sofá, ele duro, teso e ansioso, e meu Padrinho em sua cadeira de balanço, cujo ruído regular de embalo era o único a se ouvir na sala.

Daí a pouco, voltava Bento Félix, com Seu Belarmino Gusmão e o escrevente, este sobraçando o grande volume, encadernado em couro, que lhe tinha sido encomendado. Fui diretamente ao assunto:

— Sente-se, Seu Belo! Sente-se, rapaz! Bote o livro em cima da mesa e sente-se aqui nesta cadeira, para ir anotando o que Seu Belo e eu ditarmos!

Seu Belo e o escrevente sentaram-se, com ar grave, e meu Padrinho interveio:

— Seu Belo, o que vai se passar aqui é coisa séria, de modo que o assunto não pode passar destas quatro paredes, está me ouvindo?

— Estou ouvindo, pois não! — disse Seu Belo, inclinando-se, respeitoso. — O senhor pode confiar em mim, porque, tratando-se de segredos, eu sou um túmulo!

— Hoje, aqui, o senhor vai ser *um túmulo* muito mais do que imagina, Seu Belo! — falei, com ar sinistro. E, voltando-me para o escrevente:—Você também ouviu o que meu Padrinho disse, rapaz?

— Ouvi, sim senhor!

— Se transpirar uma palavra do que se passou aqui, nós já sabemos quem contou a história, e meu Padrinho manda matar todos, estão ouvindo?

Meu Padrinho reforçou minha ameaça:

— Mando mesmo! Não vou nem perder tempo, apurando quem foi que falou não: morrem todos! Inclusive vocês três, aí, estão ouvindo? — disse ele, dirigindo-se aos três "cabras".

— Estamos, sim senhor! — concordaram todos, inclinados diante da serenidade meio sinistra que o exercício daquele poder familiar, total e indiscutível, velho de três séculos, comunicava à pessoa e aos modos do meu Padrinho.

— Bem, contamos com o silêncio de todos, no próprio interesse da vida de vocês! — falei. — Seu Belo, o senhor conhece esse homem aí, não conhece? — indaguei, apontando Seu Evilásio Caldas.

— Conheço! — respondeu Seu Belo, sério, consciente da importância do papel que começava a desempenhar.

— Pois bem! Esse homem era correligionário nosso, nosso amigo e nosso protegido! Ele deve tudo a meu Padrinho, que foi quem arranjou para ele o lugar de Administrador da Mesa de Rendas! Pois bem: com todas essas obrigações e favores que nos devia, esse homem aqui, Seu Evilásio Caldas, fez o que não devia na Mesa de Rendas, colocando meu Padrinho numa situação terrível, diante desse Governo que terá a maior alegria em nos desmoralizar! Daqui para a boca da noite, deve chegar aqui uma Comissão de Inquérito, que vem investigar os atos desse homem aí, à frente da Mesa de Rendas!

Aí, em tom meio dramático e implacável, passei a me dirigir a Seu Evilásio Caldas:

— Seu Evilásio, o senhor, levianamente, tirou vinte contos do dinheiro do estado! É verdade que o senhor pretendia pagar, mas não fez isso a tempo e o fato é que a Comissão vai terminar apurando tudo! Ora, o senhor não tem o dinheiro para devolver à Mesa de Rendas. Assim, deve reconhecer, aqui, diante do Tabelião, que, se meu Padrinho não tomar uma providência enérgica, hoje mesmo o senhor pode ser suspenso das suas funções, sendo, depois, demitido e preso! O senhor reconhece isso?

— Reconheço, sim senhor! — disse Seu Evilásio, tão esmagado, que me tratou, assim, por *senhor*, sendo eu bem mais moço do que ele.

Continuei a desenvolver minha ideia:

— Bem, por outro lado, demitido e preso é o que meu Padrinho não pode admitir que o senhor seja! Primeiro, porque se o senhor for preso e demitido, sua família vai ficar, toda, nas costas dele, e meu Padrinho não matou pagão nenhum, para ser condenado desse jeito! Depois, o fato é que o Governo quer atingir é a meu Padrinho, através do senhor! E isso, nós não vamos consentir de maneira nenhuma! Não é, meu Padrinho?

— Ah, é, isso eu não consinto de forma nenhuma! — confirmou meu Padrinho.

Seu Evilásio Caldas, aliviado e já se sentindo vitorioso, olhou para as pessoas que nos ouviam, orgulhoso do poder de seu Chefe, que ia salvá-lo da situação difícil em que ele se metera. E já ia, mesmo, sorrir de impunidade e beatitude, quando eu concluí, com lógica implacável:

— Assim, não sendo possível nem reparar a indignidade que o senhor cometeu, nem permitir que o senhor seja preso, o que iria desmoralizar a autoridade de meu Padrinho, nós só encontramos uma solução para o seu caso: vamos mandar matar o senhor, Seu Evilásio Caldas!

Apavorado, julgando ter ouvido mal, Seu Evilásio Caldas gaguejou de novo:

— O quê? Vão fazer o quê?

— Matar, matar o senhor! — repeti, mais alto.

Bento Félix manejou logo o rifle, botando a bala na agulha. Seu Evilásio, ouvindo aquele ruído terrível, ajoelhou-se:

— Chefe, pelo amor de Deus, não faça uma coisa dessa não!

— Olhe a idiotice dele! — falou meu Padrinho, enojado e irritado. — Faz a vergonheira que fez, e ainda fica feito um idiota, ajoelhado, pedindo misericórdia! Mas me diga mesmo, Seu Belo, o que é que eu posso fazer, senão isso! Me diga mesmo, Seu Belo: eu tenho outro caminho?

Seu Belo Gusmão, que era homem pacato e bom, engoliu em seco. Mas, como notava que minha sugestão tinha se tornado, para meu Padrinho, uma decisão irrevogável, não ousou discordar:

— É, parece que o único jeito é esse! Mas quando é que o senhor pretende fazer isso, Chefe?

— Agora mesmo! Foi para isso que eu mandei chamar vocês!

Mal conseguindo falar, Seu Evilásio Caldas implorou de novo:

— Mas, Chefe, pelo amor de Deus!

— Cale a boca, seu irresponsável! Fui eu que indiquei você para o cargo e você me envergonhou para o resto da vida! Não tem direito de fazer queixa nenhuma!

Seu Belo Gusmão, no remorso de ver matar, assim, uma pessoa, sem protesto seu, fez uma tímida intervenção:

— Chefe, eu também devo tudo o que sou ao senhor! Mas também acho que tenho sido, todos estes anos, para o senhor, um servidor fiel, não tenho?

— Tem, sim, Seu Belo! — concordou meu Padrinho.

— Pois então, em nome disso, peço ao senhor pela vida de Seu Evilásio!

— Não pode ser não, Seu Belo! O senhor mesmo reconheceu, ainda agora, que eu não tenho outro caminho.

— Então, pelo menos, mande matar Seu Evilásio mais tarde, e noutro lugar! Eu tenho horror a essas coisas! Deixe a morte dele para outra hora!

— Não pode ser não, Seu Belo! A Comissão chega daqui a pouco, e eu não posso adiar a morte, de jeito nenhum!

Marcolino perguntou, de lá:

— E como é que vai ser a morte do homem? De tiro ou de faca? Quem é que vai fazer a morte dele? Eu, Bento Félix ou Joaquim Brejeiro?

— Nenhum dos três! — respondi. — Quem vai matar Seu Evilásio é Seu Belo!

O Tabelião deu um salto, horrorizado:

— Eu? Pelo amor de Deus, Chefe! Eu tenho horror a essas coisas de crime e sangue!

— Calma, Seu Belo! O senhor não vai derramar o sangue de ninguém! Nós vamos matar Seu Evilásio Caldas é oficialmente, tabelionicamente! Lavre a certidão de óbito dele!

— Lavrar a certidão? — perguntou Seu Belo, ainda de olhos arregalados. — Agora? Antes do óbito?

— A certidão é que vai ser o óbito, Seu Belo! — expliquei, paciente. — O senhor lavra a certidão com data de quatro ou cinco dias atrás, Seu Evilásio desaparece por uns dias na Onça Malhada, e o inquérito se encerra por morte do indiciado! É o único jeito desse desgraçado escapar, sem que a desonra dele desmoralize meu Padrinho perante o Governo!

Entendendo, afinal, o que eu planejara, Seu Evilásio correu, jubiloso e grato, querendo beijar as mãos do meu Padrinho. Foi repelido severamente:

—Vá pra lá! — disse meu Padrinho, áspero. — Com o senhor, eu me entendo depois, e essa o senhor me paga!

Murcho, Seu Evilásio conteve-se e aguardou, enquanto a pena do escrevente começava a arranhar a folha de papel do grosso volume, anotando a morte dele nos termos que Seu Belo ditava. Num dado momento, o Tabelião interrompeu o ditado e perguntou a meu Padrinho:

— Chegou a hora da *causa mortis*! O que é que eu coloco?

— Hein? — indagou meu Padrinho, franzindo o cenho, impaciente por ter sido interrompido em seus pensamentos e no seu silêncio enfarruscado.

— Que causa eu boto, aqui, como tendo sido a da morte dele? — perguntou de novo Seu Belo.

— Bote "safadeza e falta de caráter"! — rosnou meu Padrinho.

— "Safadeza e falta de caráter"! — repetiu obedientemente Seu Belo, e o escrevente já ia copiar, quando meu Padrinho gritou:

— Que maluquice é essa sua, Seu Belo? Invente, aí, uma *causa mortis* qualquer e bote na certidão!

— *Angina pectoris* está bem?

— Está, está! Para matar esse peste, qualquer desgraça serve!

Foi a última interrupção, e também a derradeira explosão de cólera de meu Padrinho. Tendo concluído, o escrevente enxugou a tinta com o mata-borrão, e aguardou.

— Está tudo pronto e em ordem? — perguntei.

— Está, sim senhor!

— Sigam os dois para o Cartório! — comandei, já com a consciência da minha nova autoridade. — De lá, me mandem, imediatamente, uma "pública forma" desta certidão, datada de hoje! E nem uma palavra, a ninguém, sobre o que se passou aqui, estão ouvindo?

Os dois homens do Cartório sumiram-se e eu me voltei para Seu Evilásio:

— O senhor, recolha-se, preso, à Onça Malhada! Tem um cavalo aí fora, esperando! Marcolino vai acompanhá-lo! Se ele fizer um movimento para fugir, fogo nele, Marcolino! Está ouvindo?

— Estou, sim senhor!

— Fique lá, na fazenda, aguardando nossas ordens, Seu Evilásio!

— Sim senhor! — concordou ele, já respeitoso.

E estava sentindo tal gratidão, ao mesmo tempo que tal perturbação, por causa de tudo o que acontecera, que, voltando-se para meu Padrinho, pediu:

— A bênção, Chefe?

— Deus lhe dê juízo e vergonha! Adeus!

Tudo se passou conforme eu desejara e planejara. Quase ao mesmo tempo que Seu Evilásio saía a galope para a Onça Malhada, entrava em nossa Vila, pelo outro lado, um carro da Inspetoria Federal de Obras contra as Secas, trazendo, de Campina, a Comissão de Inquérito que vinha apurar o desfalque dele.

Meu Padrinho, com a cara mais amarrada deste mundo, mandou chamar os membros da Comissão, ordenando-lhes que viessem para a casa dos Garcia-Barrettos, o que foi executado, através de uma quase intimação, por uma comitiva da qual fazíamos parte eu, o Promotor da nossa Comarca — que era o Doutor Samuel Wan d'Ernes —, o Advogado, Bacharel Clemente Hará de Ravasco Anvérsio, e mais vários cabras armados de rifle.

Isso não deixava de quebrar, logo de entrada, o fogo e a autoridade da Comissão. Era uma Comissão oficial. Seus membros, porém, entrevendo imediatamente o perigo que, apesar do Governo e da Polícia, corriam "no feudo dos Garcia-Barrettos", acharam mais prudente obedecer.

Chegando ao velho casarão, viram-se numa posição inesperada e singular. Parecia que os papéis tinham se invertido, e eles é que estavam sendo submetidos a um interrogatório por aquela terrível figura, austera, barbada e profética que era Dom Pedro Sebastião Garcia-Barretto. Meu Padrinho perguntou com que fim e com que direito eles tinham vindo a Taperoá, sem chamado e sem ordem sua. E como o Presidente da Comissão explicasse, atarantadamente, que tinham vindo porque o Governo recebera denúncias de irregularidades na Mesa de Rendas, meu Padrinho, pálido de ira, gritou:

— Aqui, na *minha* terra, só existiriam as irregularidades que *eu* permitisse e descobrisse, e não as que seu Governo resolva inventar, estão ouvindo? Na Mesa de Rendas não existe irregularidade nenhuma que eu não resolva, e não vai se realizar investigação nenhuma, lá!

Os membros da Comissão entreolharam-se, sem saber que decisão tomar. Então, o Advogado e o Promotor, que tinham sido intimados a comparecer à reunião exatamente para isso, intervieram, explicando à Comissão que, "mesmo que as irregularidades tivessem existido, o inquérito teria que se encerrar, porque o Administrador da Mesa de Rendas, Seu Evilásio Caldas, pressionado por sua consciência, tinha sofrido tal desgosto ao tomar conhecimento dos boatos que o acusavam, que sofrera um ataque do coração e morrera, quatro dias antes".

Para os membros da Comissão, foi um descanso, aquela saída honrosa e legal, surgida na última hora e que os dispensava, sem desmoralização pública, de enfrentar a cólera de meu terrível Padrinho. Então, experimentando a maior sensação de alívio do mundo, receberam a "pública forma" da certidão de óbito de Seu Evilásio Caldas, anexaram-na aos autos, encerraram o inquérito, despediram-se e sumiram-se, sem nem ao menos descansar da viagem.

Três dias depois, um portador foi buscar Seu Evilásio Caldas na Onça Malhada. Passado o primeiro momento de felicidade por ter escapado solto e vivo daquele barulho todo, nosso Administrador da Mesa de Rendas estava, agora, era realmente preocupado por ser, oficialmente, defunto. Mas eu já pensara em tudo, e, do mesmo jeito que o matara, iria "nascê-lo" de novo.

O nome completo de Seu Evilásio era Evilásio Sinfrônio de Oliveira Caldas. Aconselhei meu Padrinho a mandar lavrar-lhe nova certidão de nascimento, com um ano de diferença na idade e com o nome de Epitácio Sinfrônio de Oliveira Caldas. E foi com esse nome que, no fim do ano de 1924, já iniciado o novo Governo, vagando o cargo de 2.º Tabelião de Notas, o novo cidadão paraibano Seu Epitácio Caldas, renascido das cinzas de seu falecido irmão, Seu Evilásio, foi nomeado para esse honroso cargo.

Meu Padrinho pagou os quinze contos da Mesa de Rendas, assumindo o Tabelião Epitácio Caldas o compromisso de pagar a dívida de seu finado irmão Evilásio, pagamento realizado através de descontos mensais nos emolumentos do Cartório e que, aliás, o novo Tabelião efetuou religiosamente, pois estava bem lembrado da sensação de terror que seu irmão passara, durante os momentos que tinham antecedido sua morte, e aquilo lhe servira de lição para o resto da vida, como realmente esperávamos eu e meu Padrinho.

Só assim, com as contas da Mesa de Rendas absolutamente em ordem é que consenti em ser, também, nomeado para o antigo posto de Seu Evilásio Caldas, tornando-me então Administrador da Mesa de Rendas — hoje Coletor Estadual — de Taperoá, cargo que me deu uma certa dignidade de Fidalgo togado e que ainda hoje ocupo — graças a Deus, a meu Padrinho e ao desfalque de Seu Evilásio.

Agora, estava tudo em ordem: as contas da Mesa de Rendas regularizadas, meu Padrinho prestigiado, eu com meu emprego, o Tabelião com o dele. E mesmo que houvesse alguma denúncia ou boato sobre aquilo tudo, quem tinha dado o desfalque fora o falecido Evilásio Caldas, e o atual Tabelião da nossa Vila de Taperoá era Epitácio Sinfrônio de Oliveira Caldas, irmão mais moço do finado e homem sobre o qual nunca se fizera inquérito nenhum.

Creio, portanto, que Seu Epitácio é o único homem existente do mundo em suas condições: morto por *angina pectoris*, ressuscitado ao terceiro dia, nascido e registrado de novo *in terminis legis* e nomeado, *post-mortem*, para Tabelião da Comarca. Dir-se-á, talvez, que é latim demais para uma pessoa só. Quanto a mim, o que digo é que a história dele é uma dessas capazes de despertar as mais filosóficas reflexões naqueles que, como eu, se interessam pelo enigma da vida, da morte e da Justiça, a qual, como Deus, parece que escreve — somente que não sei se certo — por linhas também extraordinariamente tortas.

O casamento

No tempo em que o Exmo. Sr. Dr. Gratuliano de Brito era Interventor em nosso estado da Paraíba, viveu aqui, em Taperoá, um meu amigo e compadre, Seu Corsino de Almeida Tejo, homem nobre, mas de posses curtas em relação à sua qualidade. Era casado com uma grande dama, Dona Perpétua, da família Corrêa de Queiroz, que, como se sabe, ainda vem a ser aparentada comigo e é uma das linhagens mais ilustres da fidalga Vila Real de São João do Cariri, deste nosso Sertão da Paraíba.

Seu Corsino Tejo tinha duas filhas, Mercedes e Aliana, das quais a primeira, mais velha e menos bonita, era minha afilhada. Ambas estavam noivas e já para casar. Mercedes, que tinha ido passar uma temporada na Vila de São José do Egito, Sertão do Pajeú, em Pernambuco, voltara de lá noiva de um rapaz pajeuzeiro de boas posses, um jovem e disposto boiadeiro, chamado Quintino Estrela. Aliana noivara com um primo, originário da Vila de Cabaceiras, mas, já há uma boa porção de tempo, morador na nossa, onde exercia a digna profissão de caixeiro da loja de tecidos de Seu Antônio Fragoso.

Como sabem todos os bons genealogistas brasileiros, a grande família sertaneja dos Almeidas é espalhada por todo Cariri, subdividindo-se em dois ramos principais, os Almeida-Tejos e os Almeida-Pebas. O noivo de Aliana, Laércio, era do segundo ramo, sendo por isso, seu nome completo, Laércio de Almeida Peba. De fato, Laércio era filho de um primo legítimo de Seu Corsino; mas, seguindo o velho costume sertanejo, chamava meu compadre de Tio Corsino.

Tinha-se combinado que o casamento das duas moças seria realizado no mesmo dia, 22 de março de 1933. Como Laércio Peba morava em nossa Vila, o jovem boiadeiro Quintino Estrela deveria viajar do Pajeú para cá no dia 21, hospedando-se no nosso conceituado Vesúvio Hotel.

Como de fato: lá no dia 21 de março, mais ou menos às dez horas da manhã, pela estrada que nos liga à Vila do Teixeira, entravam em Taperoá cinco Cavaleiros. Na frente, isolado, vinha Quintino Estrela, noivo de Mercedes. Os dois que o seguiam imediatamente vinham escoltando o jovem boiadeiro, à guisa de padrinhos do casamento e escudeiros da viagem. Por isso, viajavam juntos e uns dois passos atrás do noivo. Eram, como soubemos depois, Seu Aristides Chicó, homem de certa idade, fazendeiro e respeitável apostador; e o Cigano Pereira, cavalariano e famoso trocador de cavalos, que diziam ser descendente bastardo do célebre fidalgo sertanejo Dom Andrelino Pereira, Barão do Pajeú.

Todos três estadeavam elegância cavaleirosa e viageira, no melhor estilo sertanejo: calça e paletó cáquis, botas, cartucheira com revólver e punhal, rebenque, esporas, arreios dos cavalos enfeitados com moedas e estrelas de metal. Montavam em belos animais que, como soubemos depois, tinham sido vendidos a Quintino Estrela pelo Cigano Pereira, especialmente para aquela viagem.

Quanto aos outros dois que faziam parte da comitiva de Quintino, não se podia dizer que fossem, mesmo, Cavaleiros: eram dois almocreves, montados na garupa dos burros que conduziam, em bruacas de couro, as roupas e matalotagens dos viajantes principais.

Como era de esperar, a entrada deles em Taperoá causou não pequena sensação. Os cinco, depois de indagar onde ficava o Vesúvio Hotel, para lá se dirigiram: apearam-se, banharam-se, e logo Quintino, o Cigano e

Seu Aristides Chicó se encaminharam para a casa do meu Compadre Corsino Tejo, onde todo mundo os aguardava. E seria então que ocorreriam os incidentes que terminaram me obrigando a me envolver na orientação do casamento das duas moças, de um modo muito mais empenhado do que a mera qualidade de padrinho de Mercedes fazia esperar.

Eu não tinha visto os cinco Cavaleiros, quando de sua entrada em nossa Vila. Encontrava-me na pequena casa de porta e janela onde mantenho o meu "Consultório Sentimental e Astrológico" e redijo o meu relativamente famoso e já conceituado *Almanaque do Cariri*. Naquela hora, estava atarefadíssimo, tirando horóscopo a uma viúva da Burguesia urbana local, e predizendo-lhe o destino através do *Tarô Adivinhatício*, livro que, com seu baralho, como todo mundo sabe, contém todos os segredos zodiacais e numerológicos do velho Egito.

Fui interrompido então, de repente, pela chegada de Seu Paulo Pisadinha, meu escrevente, o qual me deu notícia da chegada dos forasteiros e da ida de Seu Aristides Chicó e do Cigano Pereira a meu cartório. Os dois queriam "registrar um documento em segredo de Justiça", com recomendação de guardá-lo no cofre, sob sete chaves, até o dia 23 pela manhã, passadas as festas do casamento. Seu Paulo Pisadinha estava meio cismado com aquela encomenda pouco comum, e vinha receber instruções. Expliquei-lhe como agir e voltei à minha consulta.

Mal Seu Paulo se afastara, porém, ouvi de novo baterem à porta. Corri para lá e dei de cara com minha afilhada Mercedes. Mas uma Mercedes tão transtornada, que vi logo que alguma coisa de muito desagradável estava lhe acontecendo.

— Mercedes! O que é que há? — perguntei, solícito.

— O que é que há, meu Padrinho? O que há é uma coisa horrorosa, e vim procurar o senhor porque só você pode dar jeito nisso tudo!

Fiz-lhe sinal de silêncio, porque a viúva poderia ouvir. Mandei Mercedes entrar e sentar-se na sala de espera, voltei ao gabinete das consultas, despachei a viúva como pude, pedindo-lhe que saísse pela porta dos fundos, pois não queria que ela visse a moça. Então, voltei para junto da minha afilhada e roguei-lhe que me contasse o que lhe acontecera.

— O que há, meu Padrinho, é que aquele desgraçado me fez a maior desfeita que você possa imaginar!

— Quem? Que desgraçado?

— Meu noivo, aquele peste de Quintino Estrela, que o Diabo o leve para as profundas do Inferno!

— Que é isso, Mercedes, meu bem? Não diga uma coisa dessas de seu noivo! — disse eu, um pouco hipocritamente, e passando o braço pelos ombros dela, porque sempre fui um Padrinho muito carinhoso.

E insisti:

— O que é que seu noivo pode ter lhe feito de mal se, pelo que eu soube, não faz nem uma hora que ele chegou?

— Faz uma hora que ele chegou, mas já teve tempo de me fazer a maior desfeita que se pode fazer a uma noiva neste mundo! O senhor sabe que ele me conheceu lá, no Pajeú, não sabe?

— Sei!

— Foi só ele me conhecer e ficar doido de apaixonado, dizendo que ou casava comigo ou morria! A gente noivou logo, e eu vim me embora pra cá! A paixão de Quintino continuava cada vez maior, era carta em cima de carta, cada carta bonita que fazia gosto! Meu Padrinho sabe disso muito bem, porque era do senhor que eu me valia para responder!

Suspirei, melancólico:

— É verdade! E só Deus sabe como me ficava o coração para escrever aquelas cartas suas para ele, Mercedes!

— Meu Padrinho sempre brincalhão! Pois bem, meu Padrinho: com essa paixão toda, foi só Quintino chegar hoje, aqui, e botar os olhos em cima de minha irmã Aliana, para dizer que ela é muito mais bonita, e que, agora, ele não se casa mais comigo não, só casa se for com ela!

— Mas Aliana não vai casar com Laércio Peba? — indaguei, espantado.

— Foi o que meu Pai lembrou a Quintino! Mas ele está renitente, e diz que não cede, de jeito nenhum! Ou casa com Aliana, ou não casa com ninguém!

— Isso foi uma ruindade de seu noivo, minha afilhada! Como é que se troca uma moça viva como você por aquela cabra-morta de sua irmã?

—Você diz isso porque é meu Padrinho e gosta de mim, mas Aliana é muito mais bonita do que eu!

— É nada! — menti.

—A prova é que Quintino não quer mais casar comigo e me largou por causa dela!

— Bem, eu é que não queria essa troca! Mas gosto não se discute e coração não se governa! Vamos até sua casa! Vou falar com seu Pai e seu noivo: você vai ver como ajeito tudo e como você termina casando é com Quintino, mesmo!

— Mas acontece que agora eu é que não quero me casar mais com aquele peste! Depois de uma ofensa como a que ele me fez?

— Então, se você está com essa raiva toda dele, deixe Quintino casar com Aliana, como ele quer!

— Eu? Eu não! Fico desmoralizada! Sou mais velha do que Aliana: vou lá deixar que ela case, antes de mim, com um noivo que foi meu!

— Calma, meu bem! Vamos ver o que é que se faz! Vamos lá!

— Não, eu vou sozinha, na frente, e meu Padrinho vai depois! Não quero que aquele peste de Quintino tenha a impressão de que estou lutando para que ele volte pra mim não!

Indignada, Mercedes ia batendo violentamente a porta e saindo pela frente. Observei-lhe que seria menos notada saindo pela porta dos fundos, como a viúva. Ela seguiu meu conselho. Dei-lhe uns dez minutos de dianteira e então saí também, trancando o "Consultório".

Fui, primeiro, ao Vesúvio Hotel, pois fui logo informado, na rua, de que os viajantes já tinham voltado para lá, depois de terem causado na casa do meu Compadre Corsino Tejo o rebuliço que já conhecemos.

Encontrei os três forasteiros importantes na sala da frente do Hotel, sentados em cadeiras de assento de sola, com um ar meio soturno e obstinado que me revelou, logo de entrada, que minha missão seria mais dura do que eu julgara. Quintino era um mocetão alto, robusto, vermelho, de cabelos pretíssimos, com um ar meio taurino, astuto e lerdo ao mesmo tempo, o que, aliás, ficava muito bem a um boiadeiro como ele.

Apresentei-me como Padrinho, que era, de sua noiva Mercedes. Disse que ele me desculpasse a intromissão, mas a moça era minha afilhada e eu não podia entender que um casamento tão bem iniciado fosse de água abaixo, em condições tão incompreensíveis. Perguntei--lhe, afinal:

—Você não estava tão apaixonado? Não estava tão contente com Mercedes, tão entusiasmado com o casamento?

Com aquela fala meio arrastada e cantante do pessoal do Pajeú — fala que provavelmente era de grande serventia a ele em suas discussões sobre preço e trocas de gado —, Quintino respondeu:

— Estava, eu estava muito satisfeito com o casamento com Dona Mercedes! Mas era porque não conhecia a outra moça, Dona Aliana! Depois que vi Dona Aliana, achei que ela é muito mais bonita do que Dona Mercedes, e que, casando com a irmã da minha noiva, eu faço muito melhor negócio do que casando com minha noiva, mesmo!

Ao dizer isso, olhou para seus dois amigos, como que pedindo um reforço, uma confirmação. O Cigano Pereira, voltando-se para mim, falou de lá, com sua voz meio rouca:

— O senhor compreende que seria uma desmoralização, para um boiadeiro vivo e esperto como Quintino, casar com a mais velha e mais feia, deixando que, no mesmo dia, um idiota, da qualidade desse Laércio Peba, case com a mais moça e mais bonita!

Quintino, com ar vitorioso, mas lento, olhou para mim:

— O senhor está entendendo, agora? Tenho razão ou não tenho? Seria uma desmoralização, um mau negócio, e, desmoralizado em negócio, um boiadeiro como eu não pode ficar!

Vi logo que, por ali, não encontraria saída. Uma vez que era "questão de honra de boiadeiro em negócio", não adiantava nem sequer tentar aquele caminho. Falei:

— Bem, se vocês encaram a história como questão de honra, não posso mais me intrometer por esse lado! Mas vocês entendam, também, minha posição! A moça é minha afilhada, de modo que ninguém estranhe que eu, por meu lado, tome minhas providências para ajeitar a vida dela, que vai ficar meio desmantelada com esse casamento desmanchado assim, em cima da hora!

— Está no seu direito! — concordou gravemente o Cigano Pereira. — Desde que não seja para desmoralizar meu amigo Quintino com um mau negócio, o senhor tem toda liberdade para ajeitar a vida de sua afilhada!

Passei, então, pela loja de Seu Antônio Fragoso, onde fui encontrar Laércio Peba, com ar meio enfarruscado. Laércio era meio parvo, meio inocente. Não chegava a ser "um idiota", como dissera o Cigano Pereira: era apenas um rapaz sem malícia e sem maldade, ambicioso, mas limitado, com uma ambição miúda e rasteira, aliás muito de esperar num caixeiro como ele.

Aproximei-me e pedi para lhe falar particularmente. Pousou o metro de madeira, fez-me um sinal, e segui com ele para o interior da loja, onde nos sentamos em tamboretes.

— Laércio — falei para começar —, é verdade o que me contaram?

— Conforme! — respondeu ele, meio desconfiado. — O que foi que contaram ao senhor?

— Mercedes foi me procurar, furiosa, porque esse noivo dela, Quintino Estrela, disse que agora, depois que viu sua noiva, não casa mais com a dele, não, só casa se for com a sua! É verdade?

— É, parece que ele disse isso lá, na minha frente!

— Na sua frente? — disse eu, fingindo-me de mais escandalizado do que realmente estava.

— Bem, na minha frente, mesmo, não! — falou Laércio, desculpando-se. — Ele pegou Tio Corsino por um braço, chamou assim para um canto da sala e disse tudo a ele, baixo!

— Baixo? E como foi que você ouviu?

— Eles começaram a discutir, Quintino levantou a voz, e aí todo mundo terminou ouvindo ele dizer aquilo: que, agora, não casa mais com Mercedes não, só casa se for com Aliana, que é mais bonita!

— E você está de acordo, homem?

— Eu? Eu, não!
— E por que não reagiu logo, ali na hora?
— Reagir como? — perguntou Laércio, meio aparvalhado.
—Você devia, pelo menos, ter ameaçado de dar umas tapas naquele atrevido!
— Umas tapas? — falou Laércio, com uma cara que me confirmou logo a impressão que eu tinha, há tempo, de que ele não era capaz de dar tapa na cara de ninguém.
E acrescentou, meio sem jeito:
— É, eu devia, talvez, ter dado umas tapas nele! Mas Quintino estava armado, e eu, não! — disse afinal, satisfeito de ter, para alegar, um motivo de sua passividade.
Era exatamente o que eu queria. Sugeri, então, logo, outro motivo:
— É verdade! Além disso, Quintino estava acompanhado pelo Cigano Pereira, que, como todo mundo sabe, é homem criminoso e de maus bofes!
— É isso mesmo! — concordou Laércio. — Foi por isso que não reagi!
— Quer dizer que vai deixar correr tudo como Quintino quer?
— Eu? Eu, não! Fiquei calado na hora, mas, quando ele saiu, eu disse a Tio Corsino que não estava de acordo, nem que ele se danasse comigo! Agora, quero ver como é que esse casamento se faz!
— E Compadre Corsino? — perguntei, com ar casual. — Está a seu favor, ou a favor de Quintino Estrela?
— A meu favor, é claro!
Ele lhe garantiu isso? Deu a palavra dele?
— Não! Mas como é que Tio Corsino pode ficar do lado desse sujeito, que ele conheceu hoje, pra ficar contra mim, que sou sobrinho dele?

— É mesmo! — falei, pensativo, enquanto ruminava ideias para a ação. — Olhe, Laércio, Mercedes pediu que eu tentasse resolver esse caso, e é o que eu vou fazer!

— Ah, Seu Quaderna, se o senhor resolver essa história, me faz, também, um grande favor, uma obra de caridade!

— Pois fique aqui! Fique, que eu vou falar com seu tio e sondar como anda tudo! Depois, volto para lhe dar ciência do que está acontecendo!

Saí, então, para a casa do meu Compadre Corsino Tejo, onde fui encontrar toda a família em grande consternação. Toda, aliás, é exagero meu: Aliana achava-se na calma imperturbável em que vivia sempre mergulhada. Uns diziam que essa calma vinha de serenidade interior e da segurança que sua beleza lhe dava, mas eu tinha minhas desconfianças de que ela era assim, serena e calada, simplesmente porque nunca lhe ocorria coisa nenhuma. Já Mercedes, minha afilhada, sendo menos bonita, era mais atirada, mais ardente e, na minha opinião, mais encantadora do que a irmã.

Agora, ali, Mercedes estava uma fúria, arrumando, sem necessidade, todos os objetos que ia encontrando e que ela trocava de lugar, dando grandes pancadas, com eles, na mesa e nos outros móveis da sala.

Quando entrei, fui saudado por meu Compadre Corsino como um salvador:

— Ah, Compadre Quaderna, você chega na hora! Já soube da desgraça que nos aconteceu?

— Soube, assim por alto! Quando vinha para cá, passei na loja de Antônio Fragoso e falei com Laércio, que me contou, mais ou menos, a história!

— E Laércio? O que foi que ele disse? Qual é a opinião dele? — indagou Comadre Perpétua com o ar esgazeado que lhe era natural e que, no momento, estava mais esgazeado ainda, pela ansiedade.

Houve um silêncio e eu falei:

— Laércio diz que já estava tudo combinado, de modo que, por sua inclinação, ele casava, mesmo, era aqui, com Dona Aliana!

— É o diabo! É danado! — falou Compadre Corsino, com desgosto. — E acontecer uma história dessas na véspera do casamento!

— Qual é sua opinião sobre tudo isso, Compadre? — perguntei.

— E eu sei lá, meu Compadre Quaderna da minh'alma! Estava tudo tão bem combinado, e agora esse rapaz do Pajeú sai-se com uma doidice dessa qualidade!

Dona Perpétua reforçou:

— Um rapaz como Quintino, tão agradável, tão bem-apessoado! E rico! O homem compra e vende bois por aqueles mundos todos, dizem que ganha um dinheirão! E a gente perder esse genro, na situação difícil em que estamos, é danado!

Mercedes encrespou-se:

— Mamãe, quem ouve você falar, vê logo que você está do lado de Quintino e de Aliana, contra mim!

— Minha filha, que do lado de Quintino que nada! — defendeu-se, chorosa, Comadre Perpétua. — Estou é do lado de vocês todos! Mas, se Quintino tem esse gosto, se está com essa teimosia, acho que não custava nada ceder um pouco ao que ele quer!

— Ceder? — protestou Compadre Corsino. — Ceder coisa nenhuma, mulher! Se a gente cede Aliana a ele, assim sem mais nem menos, Mercedes fica sem casar!

Antes que nova explosão de cólera de Mercedes interrompesse as conversações, tive uma inspiração e disse:

— Um momento! Compadre Corsino, eu queria que você saísse, com Comadre Perpétua e Aliana, e me deixasse ter, aqui, um particular com minha afilhada Mercedes! Vocês poderiam sair um pouco, lá para a outra sala?

— Podemos, Compadre, por que não? Vamos, Aliana! Vamos, Perpétua! Eu não dizia a vocês que Compadre Quaderna era o único homem capaz de resolver essa complicação?

Os três saíram e eu fiquei, de novo, só com Mercedes. Falei, persuasivo:

— Mercedes, minha querida, por que você mesma não resolve essa história?

— Eu, meu Padrinho? Como?

— Ceda Quintino a Aliana e case com Laércio!

— Eu? Para ficar desmoralizada, aceitando aquele idiota, "sobejo" de Aliana?

— "Sobejo", não! Laércio só seria "resto" de Aliana, se ela já tivesse acabado o casamento com ele! Mas ela não acabou não, ainda é noiva dele, de modo que você é quem vai tomar o noivo dela!

— Mas aí ela vai tomar o meu!

— Aliana não vai *tomar* coisa nenhuma sua, porque, quando ela noivar, você já terá deixado Quintino por Laércio! Ela é quem vai ficar com seu "resto", com Quintino, com o "sobejo" que você vai deixar!

Os olhos de Mercedes brilharam, mas logo se apagaram de novo, desanimados. Ela insistiu na teima:

— Mas Laércio é um abestalhado!

— Melhor para nós, Mercedes! Melhor para mim, que gosto tanto da minha afilhada e que, assim, vou poder ficar com ela, aqui em Taperoá! Se você casasse com Quintino Estrela, ia-se embora para o Pajeú e nunca mais eu botava os olhos em cima de você! Depois, mesmo que você casasse com ele e viesse cá de vez em quando, aquele boiadeiro tem cara de sujeito ciumento e desconfiado! Nunca mais ele ia deixar que você fosse ao meu "Consultório Astrológico", para eu lhe deitar cartas, ler sua mão e tirar seu horóscopo!

Mercedes, ouvindo minhas palavras, suspirou:

— Ah, se meu Padrinho quisesse, eu bem que sabia com quem era que havia de casar!

— Eu também, Mercedes! Mas você sabe que padrinho não pode casar com afilhada, nem comadre com compadre! Com os que desrespeitam esta lei, todo mundo sabe o que é que acontece: vão para o Inferno e são obrigados, toda noite, a dormir com o Diabo na cama dele! Mas, veja bem: esse é mais um motivo para você ver que seu casamento com Laércio é que vai resolver nossa situação, a sua e a minha! Laércio é rapaz bom, sem maldade, incapaz de desconfiar de ninguém! Casando com ele, você fique certa de que vou poder continuar orientando sua vida pelas cartas! Você irá, de vez em quando, lá, ao "Consultório Astrológico", e eu garanto que não será por falta de carinho e de assistência moral que você vai sofrer, com o abandono de Quintino e a leseira de Laércio!

Os olhos dela brilharam de novo, de prazer e vingança:

— Sabe que meu Padrinho parece que tem razão? Então é assim? Um me larga, o outro é um besta, meu Pai e minha Mãe me desprestigiam, só meu Padrinho é quem pensa em mim? Pois eu topo! Topo a troca de Quintino por Laércio!

— Pois Deus recompense seu bom gênio, minha querida Mercedes! Você é um anjo! Nem Quintino nem Laércio merecem você! Sua bondade é que vai dar jeito a tudo, e fazer a felicidade de todo mundo!

Gritei, então, para dentro, chamando os outros, de volta. Vinham mortos de curiosidade e resolvi satisfazê-los logo:

— Olhe, Compadre Corsino, me ocorreu, aqui, uma ideia que eu acho que pode resolver tudo!

— Resolver, como? — indagou Comadre Perpétua, cautelosa, mas esperançosa.

— Trocam-se os noivos: Mercedes casa com Laércio e Aliana com Quintino!

— Oxente, eu pensei que era alguma novidade! — disse Compadre Corsino, decepcionado. — Nisso, nós já tínhamos pensado! Foi o que Quintino propôs, mas Laércio e Mercedes não quiseram! Mercedes está de acordo, agora?

— Mercedes, com o gênio de santa que tem, não faz objeções! Mas, com uma condição! — expliquei, disposto a defender os brios da minha protegida. — Mercedes concorda com a troca, com a condição de ser ela a primeira a acabar o noivado, oficialmente! Só depois disso é que Quintino pede Dona Aliana em casamento! Dona Aliana concorda?

Aliana, olhando pela janela a terra sertaneja, que se perdia, parda, na distância, falou, sem me olhar:

— Ora, era o que faltava eu ligar para essas besteiras de homem sim, homem não, homem este, homem aquele! Pra mim, tanto faz Quintino como Laércio, tanto faz casar como não! Caso com qualquer um dos dois, e também posso até deixar de casar de uma vez! Pra mim, tanto faz!

Troquei um olhar de inteligência com Mercedes, como dizendo: "Está vendo, que cabra-morta?" Depois falei:

— Estão vendo? É a solução!

— Mas será que Laércio concorda? — perguntou Comadre Perpétua, aboticando os olhos.

— Deixem comigo! — respondi, já começando a me entusiasmar com o rumo que as coisas iam tomando. — Vou falar com Laércio, e volto já, para dar a notícia a vocês!

Voltei à loja de Seu Antônio Fragoso e disse a Laércio:

— Olhe, Laércio, estive em casa de sua noiva e o negócio parece que está meio empacado para o seu lado! Comadre

Perpétua acha que você, sendo da família, poderia ter mais boa vontade e ceder um pouco para que tudo se resolvesse!

— Mas ceder um pouco, como? Resolver tudo, como? Dando minha noiva a Quintino?

— Não, *dando* sua noiva não, *trocando* sua noiva pela de Quintino! Ele casa com Aliana, como está querendo, e você casa com Mercedes!

— Mas Aliana é mais bonita! — protestou Laércio.

— Que tolice, Laércio! Todas duas são bonitas, todas duas são boas moças, todas duas são suas primas! Para você, não faz diferença nenhuma!

— Pois, se não faz diferença, é melhor que eu me case, mesmo, com Aliana! Eu já era noivo dela, me acostumei com essa ideia, de modo que caso é com ela, mesmo!

— Laércio, eu, se fosse você, pensaria um pouco mais no assunto! Não é por Aliana, nem por Mercedes, nem por você: é, mais, por sua Tia Perpétua e por seu Tio Corsino! Você sabe que, com a seca, nossa situação aqui anda ruim. Quintino tem muito mais recursos do que você! É claro que seus tios não me falaram nada, mas eu entendi perfeitamente, da nossa conversa, que eles não estão, absolutamente, em condições de perder aquele genro boiadeiro e rico! Acho que, em último caso, eles vão ter que fazer somente o casamento de Aliana com Quintino! E aí, vai ser pior para você: todo mundo vai ficar mangando e rindo de você, porque tomaram sua noiva e não lhe deram nada em troca!

Laércio me olhou, espantado. Pela primeira vez a questão lhe era apresentada por aquele prisma. Continuei, para reforçar:

— Agora, veja como a coisa muda de figura se você casa com Mercedes! Primeiro, ninguém pode dizer mais que você ficou sem nada, porque você terá ganho outra noiva, em troca da que perdeu. Em segundo lugar, como eu disse, lá na casa do seu sogro, por enquanto, está tudo no mesmo pé: oficialmente, você ainda é noivo de Aliana, e Quintino é noivo de Mercedes. Já combinei tudo com as moças: caso a gente faça o acordo, Mercedes vai a Quintino e acaba o casamento dela. Aí, você vai a Aliana e acaba o seu. Depois, você vai a Mercedes e noiva com ela. Só depois disso tudo é que Quintino pede Aliana! Assim, ninguém pode dizer que Quintino tomou sua noiva: você é quem vai tomar a noiva dele, porque vai noivar com ela antes dele noivar com aquela que tinha sido sua, mas não será mais! E, nisso tudo, você ainda pode lucrar, tendo uma boa compensação no negócio, Laércio!

— Lucrar uma compensação? Que compensação? — falou Laércio, começando a melhorar a cara, mas ainda interrogativo.

— Aqui no Sertão, quando a gente troca uma novilha por outra melhor, não paga um dinheiro ao dono da boa, como volta? Pois, mal comparando, se você trocar Aliana por Mercedes, você pode conseguir uma volta no negócio! Seu Tio Corsino ficará tão contente por casar as duas filhas, de novo, que bem pode dar alguma coisa a você, em troca de sua boa vontade!

A cara de Laércio estava, sem dúvida, cada vez melhor:

— O senhor acha que Tio Corsino poderia me dar alguma coisa, mesmo, Seu Quaderna?

— Acho! Você quer que eu fale com ele sobre isso?

— Quero, quero! Fale, Seu Quaderna! Se Tio Corsino der uma volta, uma volta boa, mesmo, eu topo a troca e o casamento com Mercedes! Agora estou vendo que o senhor tem toda razão: todas duas são bonitas, todas duas são minhas primas, e qualquer uma das duas me serve!

— Então, ótimo! Vou falar com meu Compadre Corsino e volto já!

Cheguei à casa do meu Compadre e pedi para falar com ele, em particular. Desta vez, Mercedes saiu, com Aliana e Comadre Perpétua. Fiquei só, com o pai dela, e fui logo dando a boa notícia:

— Compadre, falei com Laércio! No começo, ele ficou contra; mas eu discuti e terminamos chegando a um acordo: ele concorda em ceder Aliana a Quintino, se, em troca, você der, a ele, Mercedes e uma volta!

— Pois está certo! — concordou Compadre Corsino. — Eu dou a volta, pra ninguém dizer que não tive boa vontade! O que é que Laércio quer, de volta?

— Ele não me disse não, mas eu pensei no seguinte: você sabe, Compadre, que Laércio tem um pedaço de terra, que ele comprou com as economias que trouxe de Cabaceiras. O ordenado de caixeiro, dele, é pequeno. Se ele conseguisse fazer a terra dar uma rendazinha, a situação seria outra, principalmente agora, que ele vai casar! Eu soube que Laércio andou querendo comprar uma junta de bois, para trabalhar na terra, e não pôde fazer o negócio por falta de dinheiro! Por que você não dá a Laércio uma junta de bois-de-carro?

— Ah, não! Uma junta é demais! Dou um boi!

— Mas, Compadre, ele vai ceder a noiva! Veja que não é coisa pouca não! Dê a junta!

— Dou um boi e já é demais! Não discuta isso não, Compadre! Quem sabe das minhas posses sou eu, de modo que, quem sabe o que eu posso dar ou não, sou eu! Dou o boi: se ele quiser, o casamento de Mercedes com ele se faz! Se não, não se faz, e acabou-se!

— Está bem, vou ver se ele aceita a troca somente com um boi, de volta! Qual é o boi que você vai dar? Me diga, para eu dizer a Laércio, caso ele pergunte!

— É o boi "Bordado"! Desmancho a junta que ele faz com "Bem-Feito", e dou "Bordado" a Laércio!

— Está certo, Compadre, vou levar a proposta a Laércio! Mas tem uma coisa: você não fale dessa história da volta a Mercedes de jeito nenhum! Ela pode se ofender, e aí o negócio volta todo à estaca zero! Diga somente que Laércio concorda, em princípio, e que eu estou ultimando os termos do acordo!

Voltei a Laércio:

— Laércio, meus parabéns! Está tudo resolvido! Você cede Aliana a Quintino, casa com Mercedes, e seu sogro lhe dá, como volta, um boi-de-carro que ele tem, "Bordado"!

Laércio deu um pulo do tamborete:

— Ah, não! Um boi, só? Até a junta é pouco!... Pra que desfazer a junta que "Bordado" faz com "Bem-Feito"? Meu tio, então, acha que ceder minha noiva àquele boiadeiro safado é pouca coisa? Não, assim não cedo não! Diga a Tio Corsino que ele me dê a junta completa e mais dois contos de réis, que aí eu cedo!

— Mas, Laércio, que exagero! A diferença de Mercedes para Aliana também não é tão grande assim, não!

— Seu Quaderna, isso não discuta não, porque eu sei o que estou fazendo! Quem vai ceder a noiva sou eu, de modo que quem determina a volta sou eu!

— Está bem, Laércio! — falei, cordato. — Já que você, nisso, está irredutível, vou ver se consigo a volta que você quer!

Viera-me uma ideia que talvez fosse a solução. Enquanto Laércio esbravejava, tinha se referido a Quintino Estrela como "aquele boiadeiro safado". Eu me recordara, então, de que Quintino era boiadeiro e que bem podia então, no caso, resolver aquela parte, uma vez que havia gado pelo meio.

Fui procurá-lo, de novo, no Vesúvio Hotel. O Cigano Pereira não estava, o que me deixou mais animado, porque, do grupo de pajeuzeiros, ele me parecia o mais astuto e obstinado. Encontrei Quintino e Seu Aristides Chicó no mesmo lugar em que os deixara. Dirigi-me ao primeiro:

— Quintino, vim aqui procurá-lo, porque o negócio do seu casamento parece que vai se resolver. Falei com Laércio Peba: ele concorda em ceder Aliana a você, casando ele, em troca, com Mercedes!

Quintino falou lento, de lá, sem surpresa:

— E não foi o que eu propus desde o começo? Por que aquele besta não cedeu logo?

— Bem, você sabe que não é fácil uma pessoa se convencer assim, logo, de que deve ceder a noiva a outro e casar com a irmã dela! Mas agora Laércio viu que, para ele que é primo, tanto faz casar com Mercedes como com Aliana!

— Então, ótimo! Amanhã, o padre faz os dois casamentos e o senhor está convidado!

— Espere, homem! Existe, ainda, uma dificuldade a vencer! Laércio concorda na troca das noivas, mas exige uma volta, pelo fato de Aliana ser mais bonita do que Mercedes, o que, aliás, você foi o primeiro a dizer! Fui procurar seu futuro sogro, e ele mandou oferecer a Laércio um boi-de-carro, como volta. Mas Laércio só fica satisfeito com dois bois e mais dois contos de réis, para começar a vida numa terrinha que ele tem! Lembrei-me, então, de que você, sendo boiadeiro e homem rico, pode dar a parte da volta que está faltando, isto é, um boi e mais dois contos!

Quintino me olhou, pesando a proposta. Depois, falou:

— Olhe aí, Seu Quaderna, essa volta está grande demais! Se a coisa vai nesse pé, daqui a pouco termino fazendo mau negócio, de novo! Diga a esse tal de Laércio que o que eu posso fazer é dar o outro boi, para ele completar a junta! Os dois contos, eu não dou, de jeito nenhum! Não acha, Aristides Chicó?

— Acho, Quintino! — concordou Seu Aristides. — Assim, mau negócio por mau negócio, era melhor não ter nem começado a trocar as noivas!

— Tem razão, Aristides! — falou Quintino. — Diga a Laércio, Seu Quaderna, que minha última palavra é essa! Dou o boi: ele junta com o outro que Seu Corsino dá, completa a junta e começa a vida na terra dele, com isso! Se ele quiser, está resolvido! Se não, pela cara que Dona Perpétua anda fazendo, sei que termino me casando com a noiva dele e ele sem noiva nenhuma!

— Está bem! — concordei com minha proverbial paciência. — Vamos ver o que se pode fazer!

Quando cheguei à calçada da rua, notei que, lá da esquina, o Cigano Pereira estava me espreitando, com ar de conspirador. Ele me fez um aceno e eu me cheguei para o lado de lá.

Perguntou-me o que havia. Em poucas palavras, eu o coloquei a par da situação. Terminei dizendo, aflito:

— De modo que, apesar de todos os meus esforços, agora é capaz do negócio encrencar todinho de novo, só por causa desses dois contos!

— Mas pode ser que o tal do Laércio concorde na troca somente pela junta de bois!

— Acho que não, Seu Pereira! Pela cara dele, o homem não cede, nisso, nem a pau! Em todo caso, como não tenho outro caminho, é o que eu vou tentar!

— O senhor acha que eu podia ir, também, conversar com Laércio?

— Acho que sim! Por que pergunta?

— Porque, se o senhor não vê mal nisso, eu tenho um certo jeito para tratar desses assuntos de troca e volta, de modo que acredito que posso ajudar!

— Pois então vamos, nós dois!

Pela quarta vez naquela manhã, cheguei à loja de Seu Antônio Fragoso, desta vez acompanhado pelo Cigano Pereira. Vi-me, porém, desta vez, diante de um Laércio de pedra. Fiz todos os apelos possíveis para que ele abrisse mão dos dois contos, e nada! Terminou dizendo:

— Seu Quaderna, eu tive a maior das boas vontades! Abri mão da minha noiva para outro, somente para não causar problemas e ver todo mundo feliz! Agora, também espero boa vontade das outras partes, porque, abrir mão de Aliana, eu ainda abri, mas desses dois contos, não tem quem me faça! Nessas coisas de princípios, eu sou duro!

Desanimei:

— Então, acho que vai voltar tudo para o mesmo pé, porque esses dois contos, eu não vejo de onde tirar! Consegui a junta de bois que você exigiu, mas quem iria entrar com esses dois contos?

Foi aí que sucedeu um lance que eu não teria coragem de contar se não tivesse visto acontecer. E foi que, ouvindo aquela pergunta sobre quem iria pagar aqueles dois contos, o Cigano Pereira rouquejou de lá:

— Eu! Eu pago esses dois contos!

Fiquei, durante alguns momentos, olhando embasbacado para ele, porque nunca se ouviu contar que um cigano desse dois contos, assim, a ninguém, fosse por que motivo fosse. O Cigano Pereira, aliás, parece que sentiu nossa estranheza, porque resolveu explicar:

— Você sabe, Laércio, que eu sou amigo de Quintino, amigo pra rir e pra chorar! O pessoal diz, por aí, que cigano é gente incapaz de gastar dinheiro, mesmo com um amigo... É verdade que, de fato, eu já ganhei dinheiro com o casamento de Quintino, na venda dos animais em que viemos, e que os dois contos serão tirados do lucro que tive nessa venda. Mas, mesmo assim, a verdade é que o lucro já estava no meu bolso. Assim, d'agora por diante, vocês já podem dizer a todo mundo que viram um cigano gastar dinheiro grosso, só por causa da amizade que tem a uma pessoa. Você dá sua palavra de que, com esses dois contos, não aparece mais dificuldade nenhuma e o casamento se faz, Laércio?

— Dou!

— Pois então, tome! Você recebe os dois contos é agora! Vamos comunicar a boa notícia a todos, Seu Quaderna! E vamos almoçar, que já é tarde e a gente bem merece!

★★★

Naquele mesmo dia, à tarde, quando tudo já estava combinado e encaminhado, Mercedes apareceu no meu "Consultório Sentimental e Astrológico" para me agradecer. Conforme se resolvera, ela tinha ido ao Vesúvio Hotel, comunicar "oficialmente" a Quintino Estrela que lhe devolvia a palavra de noivo. Recebeu a aliança dele, atirou-lhe a dela na cara e saiu, furiosa. Depois disso, Laércio foi à casa do tio e acabou seu noivado com Aliana, pedindo, logo em seguida, Mercedes em casamento. Finalmente, depois dessas cenas, Quintino foi à casa de Aliana e noivou com ela.

De modo que, no dia seguinte, 22 de março de 1933, o duplo casamento se fez, com boa festa e grande contentamento de todos, casando-se Laércio com Mercedes e Quintino com Aliana. Eu me sentia orgulhoso com a brilhante atuação que tivera, movendo-me calmo, lúcido e obstinado em todas as peripécias daquele caso. Tudo eu planejara, tudo ajeitara, tudo decifrara, com as astúcias do Tabelião, Astrólogo e Decifrador que sou.

Um só fato ainda me deixava intrigado: eram os dois contos do Cigano Pereira. Esse fora o único pormenor com o qual eu não contara, que me deixara surpreendido, pois, com a experiência de vida que tenho, no Cartório e no Consultório, ainda me parecia inacreditável.

A explicação dele só me chegaria no dia seguinte ao do casamento. Na casa do meu Compadre Corsino Tejo faziam-se os preparativos para a viagem de Aliana, que ia, de automóvel alugado, para o Pajeú, com seu marido, Quintino Estrela. O Cigano Pereira e Seu Aristides Chicó iam voltar como tinham vindo, a cavalo, e levando, pela rédea, a esplêndida montaria do boiadeiro.

Eu estava no Cartório, quando esses dois pajeuzeiros me entraram de sala adentro, reclamando o documento que tinham deixado no cofre, dois dias antes, em segredo de Justiça. Abri o cofre, recebi as custas do registro e ia entregar o documento, quando o Cigano Pereira, fosse por ter encontrado e admirado em mim alguma habilidade, fosse por orgulho profissional de trocador e negociante, me autorizou a ler o papel.

Passei uma vista rápida e curiosa por ele e as escamas caíram de meus olhos. Estavam ali, registrados e assinados pelos dois, os termos de uma aposta firmada entre o Cigano e Seu Aristides Chicó. O Cigano Pereira tinha se obrigado, na aposta, a, no prazo de um dia, convencer Quintino Estrela a acabar seu casamento com a noiva Mercedes e a casar com a irmã dela. Se conseguisse isso, ganharia cinco contos de réis de Seu Aristides Chicó, pagando-lhe a mesma quantia em caso contrário. Como sua tarefa era a mais difícil, estipulava-se, no contrato, que o Cigano poderia "tomar iniciativas", coisa vedada a Seu Aristides Chicó.

Rindo, o Cigano Pereira me disse que, graças a mim, porém, ele só tivera que tomar duas iniciativas: a primeira, quando insinuara a Quintino Estrela, na hora da chegada, que a noiva de Laércio era muito mais bonita e que ele faria um mau negócio casando-se com a sua — coisa insuportável para o senso de honra de um boiadeiro e trocador de sua estirpe. A outra iniciativa fora a de oferecer a Laércio os dois contos de réis da volta. O Cigano fazia questão de me mostrar como, mesmo aí, fizera bom negócio: gastara dois contos, no dia anterior, mas receberia, agora, os cinco da aposta. É verdade que, com a despesa da volta, seu lucro ficara reduzido a três contos. Mas três contos, dois contos, um conto, qualquer dinheiro que lhe aparecesse pela aposta seria lucro — e esse fora o motivo de ter ele se oferecido tão facilmente para completar a volta de Laércio.

Agora, sim, estava tudo claro e perfeito: eu matara a charada e decifrara o enigma. De modo que posso concluir dizendo que, talvez sem muita relação entre as leis da vida e as leis do Código, a história do casamento de Mercedes e Aliana é dessas raras, em que tudo termina bem, com todo mundo lucrando e todo mundo satisfeito. Compadre Corsino e Comadre Perpétua livraram-se de duas filhas solteiras e dispendiosas e ganharam dois genros, como sonhavam. Aliana ganhou um marido mais rico do que o noivo que possuía, e Quintino Estrela uma mulher mais bonita do que a noiva que lhe estava destinada. Laércio — a quem, segundo ele, eu fizera "uma obra de caridade" — ganhou uma junta de bois e mais dois contos. Mercedes ganhou um marido e o direito de continuar tirando horóscopos em meu consultório. Eu ganhei o direito de continuar a conviver com ela, dando assistência moral e conforto contínuo a uma afilhada ardorosa e muito querida. O Cigano Pereira teve o lucro da venda dos cavalos e os três contos que sobraram do dinheiro da aposta. E até Seu Aristides Chicó — que perdeu os cinco contos — ganhou uma viagem de recreio a Taperoá, com todas as despesas pagas por Quintino, e a lição de que ninguém deve nunca, em hipótese nenhuma, fazer aposta com cigano.

Prosa-poesia

VIDA-NOVA BRASILEIRA
Sonetos com Mote Alheio

E um dia, como acontece a todos, comecei a refletir sobre o exílio em que nos encontramos sobre este áspero e belo Mundo. No meu caso, eu estava em terra estranha, uma terra verde, situada longe do planalto reluzente e pedregoso que, povoado de carneiros e cabras nos Tabuleiros, e com frutas e sombras nos baixios e revências dos açudes, fora o Reino encantado da minha infância. Assim, muito naturalmente, a região verde e estranha em que me encontrava foi tomando a figura do exílio, enquanto o Sertão, pela própria semelhança do nome, me lembrava aquela "sião" que é o sonho edênico de todo homem. Foi aí que, pensando sobre o meu nascimento, sobre aquele estranho e perdido acontecimento que me arremessara ao exílio do Mundo, escrevi o seguinte soneto:

NASCIMENTO — O Exílio

Com tema de Tupan Sete

Aqui, o Corvo azul da Suspeição
apodrece nas Frutas violetas,
e a Febre escusa, a Rosa da infecção,
canta aos Tigres de verde e malhas pretas.

Lá, no pelo de cobre do Alazão,
o Bilro de ouro fia a Lã vermelha.
Um Pio de metal é o Gavião
e são mansas as Cabras e as Ovelhas.

Aqui, o Lodo mancha o Gato Pardo:
a Lua esverdeada sai do Mangue
e apodrece, no medo, o Desbarato.

Lá, é fogo e limalha a Estrela esparsa:
o Sol da morte luz no sol do Sangue,
mas cresce a Solidão e sonha a Garça.

Depois, lembrei-me de que, além de ser um homem, eu era um homem ligado a determinada terra. Meus antepassados tinham vindo pelo Mar, em caravelas, para a América Latina. Eram ibéricos — portugueses, castelhanos, beirões, minhotos, mouros, judeus, todos com o sonho do Além instilado no sangue, sendo que, de todas as terras de onde tinham vindo, a Beira Alta, em Portugal, era já, do outro lado do Mar, uma região de gados e pedras, de serras e chapadas como o Sertão. Eu me orgulhava de descender daquele povo que dera a canção da "Barca Bela" e o romance da "Nau Catarineta", Povo de marujos que viera pelo Mar e se fixara no Litoral e na Mata, cruzando-se com Negros africanos e Índios vermelhos. Mais ainda: o contingente mais audaz e ousado dessa gente deixara o Mar e a Mata, e subira o Planalto sertanejo para, vestido de couro, criar o mito de uma rude Cavalaria sertaneja, herdeira da Cavalaria terrestre de Dom Sebastião e da Cavalaria marítima de Dom Henrique. Foi então que imaginei minha viagem do Caos ao Mundo ligada à viagem que eles tinham realizado pelo Mar. Era ainda o tema do Nascimento: não mais, porém, ligado ao Exílio e sim a esse outro sagrado aspecto seu, a Viagem. E escrevi o seguinte soneto:

NASCIMENTO — A Viagem

Com tema de Fernando Pessoa

Meu sangue, do pragal das Altas Beiras,
boiou no Mar vermelhas Caravelas:
à Nau Catarineta e à Barca Bela
late o Potro castanho de asas Negras.

E aportou. Rosas de ouro, azul Chaveira,
Onça malhada a violar Cadelas,
depôs sextantes, Astrolábios, velas,
no planalto da Pedra sertaneja.

Hoje, jogral Cigano e tresmalhado,
Vaqueiro de seu couro cravejado,
com Medalhas de prata, a faiscar,

bebendo o Sol de fogo e o Mundo oco,
meu coração é um Almirante louco
que abandonou a profissão do Mar.

E aí, relendo o que eu mesmo cantara, muito naturalmente tive uma visão sobre aquele determinado pedaço de chão sertanejo sobre o qual dera meus primeiros passos. Era uma fazenda bela e estranha, a "Acauhan" — nome de um pássaro agoureiro. Era cortada por um rio, cujas águas estanhadas eram cheias de piranhas, aqueles peixes ferozes. As margens eram cobertas por enormes Lajedos ferrujosos, separados por pequenos trechos de areia onde encontrávamos estranhas conchas, restos fósseis do tempo em que aquele áspero pedaço de chão sertanejo era um fundo de Mar, cortado e escarificado por sais e maremotos. Ali, num crepúsculo cheio de prenúncios, eu vira o único pôr de sol que tive direito de ver ao lado de meu Pai, num dia em que, passeando com ele à beira desse rio, nós dois encontramos, na areia da margem de um riacho seu afluente, uma piranha morta, ainda reluzindo ao sol poente. Foi lembrando isso que escrevi então o seguinte soneto:

O MUNDO — O Reino da Acauhan

Com tema de Abaeté de Medeiros

Neste Riacho, em sua beira Estranha,
na Areia fulva, à margem pedregosa,
coa-se a luz do Inferno, a Luz verdosa,
e brilha o dorso Azul desta Piranha.

Estará morta. A água inda lhe banha
as entranhas, a Escama sulfurosa:
Conchas castanhas cercam-lhe a mucosa
e a Noite, nessa luz, desce e se estanha.

Em torno, este Sertão, cavalo macho!
Que segredo me diz este Riacho?
Que as águas cor de chumbo vão ao Mar?

De onde vem essa Luz? O Inferno pinga!
Não há lua que vença esta Caatinga
e, morto o Sol, a terra vai sonhar!

Desgraçadamente, logo depois, a Sorte cega iria nos esmagar com um infortúnio terrível e sangrento. Aqueles prenúncios de sangue e morte que eu pressentira na beira do Rio Piranhas logo seriam confirmados, porque um homem chamado Miguel matou meu Pai à traição, com um tiro pelas costas. Com a morte daquele que, para mim, era o Rei e o Cavaleiro, o sol negro da Morte entrou no reino da minha vida, até ali identificado com o Reino do Sertão da Acauhan. Foi por isso que, chorando meu Pai, escrevi:

O REINO — A Morte

Com tema de Janice Japiassu

Aqui morava um Rei, quando eu menino:
vestia ouro e Castanho no gibão.
Pedra da sorte sobre o meu Destino,
pulsava, junto ao meu, seu Coração.

Para mim, seu Cantar era divino,
quando, ao som da Viola e do bordão,
cantava, com voz rouca, o Desatino,
o sangue, o riso e as mortes do Sertão.

Mas mataram meu Pai. Desde esse dia
eu me vi como um Cego, sem meu Guia,
que se foi para o Sol, transfigurado.

Sua Efígie me queima. Eu sou a Presa,
ele a Brasa que impele ao Fogo, acesa,
Espada de ouro em Pasto ensanguentado.

E a vida se desdobrou em frente dos meus olhos, como uma estrada povoada de bichos ou como uma Roda do Zodíaco marcada de signos e insígnias. E eu a celebrei assim:

A VIDA — A Estrada

Com tema de Augusto dos Anjos

No relógio do Céu, o Sol-ponteiro
sangra a Cabra no estranho Sol chumboso.
A Pedra lasca o Mundo sem repouso,
a chama da Espingarda fere o Aceiro.

No carrascal do Céu, azul braseiro,
refulge o Girassol rubro e fogoso.
Como morrer na sombra do meu Pouso?
Como enfrentar as flechas desse Arqueiro?

Lá fora, o incêndio: o roxo lampadário
das Macambiras rubras e auripardas
vai arcanjos e Tronos requeimando.

Queima o vento, o Sertão incendiário!
Andam Monstros sombrios pela Estrada
e, pela Estrada, entre esses Monstros, ando!

A vida assim me aparecia: estranha e perigosa, uma estrada diante da qual meu sangue se crispara de uma vez para sempre, tornando-me tenso e cerrado ante os enigmas e as ciladas do Mundo. Foi aí que, por sorte minha, surgiu diante de mim — como uma bênção que me tivesse sido enviada do Sol, como uma compensação à minha infância sangrenta e atormentada — a figura da Mulher, aquela que passaria a ser o resumo ancestral e sagrado da vida. Foi uma espécie de revelação. Eu a via, gentil e sem afetação, como se estivesse em comunicação direta com a corrente subterrânea e sagrada do Mundo, com o dom da vida que somente ela era capaz de comunicar ao meu sangue ferido. Meu sangue iluminou-se e a crispação desapareceu. Mas profetas agoureiros vinham me murmurar profecias terríveis sobre a morte inapelável do Amor. Foi para responder a essas profecias que escrevi aquele soneto que diz assim:

A MULHER E O REINO[7]

Com tema do Barroco brasileiro

Ó Romã do pomar, relva, esmeralda,
olhos de Ouro e de azul, minha Alazã!
Ária em cordas do Sol, fruto de prata,
meu chão e meu anel, sol da manhã!

Ó meu canto, meu sono, dom, coragem,
água das pedras, rosa e Belveder!
Meu candieiro[8] aceso da Miragem,
meu mito e meu poder — minha Mulher!

Diz-se que tudo passa e o Tempo duro
tudo esfarela: o Sangue há de morrer!
Mas quando a luz me diz que esse Ouro puro

se acaba por finar e corromper,

---

[7] Este soneto, escrito em decassílabos como todos os outros do conjunto, possui um verso a mais, em doze sílabas, um estrambote reiterativo alexandrino.

[8] De modo diverso do que estabelece a ortografia vigente, o autor costumava grafar a palavra candeeiro com i, *candieiro*, argumentando que ela derivaria de candil, e não de candeia.

meu sangue brada, contra a Maldição,
que há de pulsar Amor na escuridão!

— pulsar o seu Amor até na Escuridão!

Era ela, a Mulher, mito e legenda do meu sonho. O corpo feminino aparecia-me identificado com uma clareira de Catinga sertaneja, povoada de rosas selvagens, coroas--de-frade e macambiras. Os velhos temas do Amor e do Desejo renasciam com palavras minhas e eu cantava assim:

O AMOR E O DESEJO

Com tema de Augusto dos Anjos

Eis afinal a Rosa, a encruzilhada
onde moras, ó Ruiva, ó meu desejo!
Emerges a meu Sangue malfazejo,
onça do Sonho, Fronte coroada!

Ao garço olhar, à vista entrecerrada,
um sorriso esboçado mas sem pejo.
Teu pescoço é um Cisne sertanejo,
teus Peitos são estrelas desplumadas.

Embaixo, a Dália ruiva, aberta ao dardo;
a Fonte, a rosa, a púrpura, a Coroa!
E brilha, ao fogo desta chama parda,

a Coroa-de-frade, a Rosa-Cardo,
abandonada às Onças, às leoas,
e ao Cio escuso das panteras magras.

De outras vezes, era o próprio Mundo que me aparecia como o corpo de um Bicho fêmea, ou como um campo de escudo de armas, um desses brasões que a inocência humana inventa para dar um sentido ordenado e reluzente à existência parda, mesquinha e feia. Eu tivera vaga notícia de uma insígnia familiar nossa; era arbitrária, como todas elas, mas era bela e reluzente; e, por isso, foi vendo o Sertão como um gigantesco e selvagem escudo de armas que escrevi o soneto que segue:

O MUNDO DO SERTÃO

Diante de mim, as malhas amarelas
do Mundo, onça castanha e desmedida.
No campo rubro, a Asna azul da vida:
à cruz de Azul, o Mal se desmantela.

Mas a Prata sem sol destas moedas
perturba a Cruz e as Rosas mal partidas.
E a Marca negra, esquerda, inesquecida,
corta a Prata das folhas e fivelas.

E enquanto o Fogo clama, à Pedra rija,
que até o fim serei desnorteado,
que até no Pardo o cego desespera,

o Cavalo castanho, na cornija,
tenta alçar-se, nas asas, ao Sagrado,
ladrando entre as Esfinges e a Pantera.

Aí o sonho se ampliava. Eu partira dos esmaltes e figuras da nossa insígnia. Agora, era o próprio Mundo que me aparecia, ora como uma enorme Onça, ora como um Sertão maior, ora como um enorme corpo de Mulher. Foi num desses relâmpagos de sonho que escrevi então o seguinte soneto:

À ONÇA DO SOL E À ONÇA DO MUNDO

Com tema de Augusto dos Anjos

Sob o Sol sertanejo, onça castanha,
o Mundo é uma redoma de diamante.
Ao rubi dos teus peitos chamejantes
a luz do sangue o ventre fulvo banha.

Quem te dotou dessa crueza estranha?
A vida passa, o sangue é doido instante!
E eu erro, só, no Campo malandante,
pela Estrada sem pó desta Campanha.

O Gavião e a Cobra cascavel
espreitam dessa Pedra em que tu vagas,
ó Caravela branca, ó ruivo Pente!

E enquanto a Aranha tece, a fogo, o Véu,
vejo Facas, anéis, punhais e adagas
atravessando os Ares reluzentes.

Eram sonhos de acordado. Outras vezes, aquele velho deus, o Sono, me dominava, ele mesmo, e o meu sonho era tocado pela visão de estranhos e legendários visitantes. Batalhas resplandecentes, bandeiras, assaltos, cofres e outros brilhantes objetos relampejavam nas trevas. E eu sonhava assim:

O SONO E O MITO

Com tema de Abaeté de Medeiros

Ó manto do meu sono negro e Rubro!
Cascos de cobre soam no Deserto
e a meu Cervo, na fonte, a descoberto,
persegue e mata esse Cachorro escuro.

Habitante da Foice e mito duro,
sob o Manto vermelho e amarelo,
o errante Cavaleiro guarda o Cetro,
seu Cofre, seu punhal, seu sonho puro.

Mas a luz muda. Um Sol de estranho chumbo
ilumina a Muralha, o Rei do mundo,
a Flecha corta o dorso da Gazela.

E a Jumenta, ornejando ao sol do Fim,
vê, na Catinga, a estrela "Bergantim",
entre clarins de ataque à Cidadela!

De outras vezes, voltava o mito da Mulher, agora unido, pelos sonhos recentes, a outros enigmas e temas desse bicho estranho, o Mundo, temas poderosos como o Amor e o Tempo, como se tudo isso fosse ligado por uma teia, por um segredo cuja chave eu perdera. E eu, cego, debatendo-me contra o Obscuro, cantava assim, enquanto a ventania doida e ardente do mundo cantava em meus ouvidos:

A LEOA — O Amor e o Tempo

Com tema de Augusto dos Anjos

Da tua cabeleira Aleonada,
tocha de Ouro que o Sol adamantina,
o capacete fulvo se ilumina
em faíscas de Luz agateada.

Como flava Leoa extraviada,
move-se o dorso e abre a Romã felina.
A meu desejo, inflama-se a colina,
em cascos e tropéis por essa Estrada.

Beber o Crisantemo[9] e seus aromas!
A vida foge, Amor, fogem os dias,
o estanho morde as Garças que retomas.

O Tempo corta o vidro da Redoma
e vem o Sol das eras erradias
— outro Leão para abrasar-te as Pomas.

Como se vê, o sagrado terror ante o Tempo e a Morte me estremecia o sangue. A Morte era um toque inapelável do Divino. Então, para sossegar-me, eu, como homem, voltava à Mulher que eu pressentia como uma Fonte sagrada de apaziguamento e reconciliação com a estranha Fera da vida, com suas duas encarnações machas — o Tempo e o Mundo — e as duas fêmeas — a Vida e a Morte. Agora

---

[9] O autor não segue aqui a ortografia oficial, transformando a palavra "crisântemo", proparoxítona, em paroxítona, e fazendo com que a sílaba tônica da palavra, correspondendo à sexta sílaba do verso, mantenha o ritmo do decassílabo heroico.

era o corpo feminino que me aparecia como um Campo encantado, e eu sonhava assim:

O CAMPO

Com tema do Barroco brasileiro

Um Sol de ouro, ondulante e sossegado,
refletido nas Águas que matiza.
Alvas pedras. Amena e fresca brisa,
um fino Capitel transfigurado.

Os montes, Claro céu alumiado.
A água da Fonte, a relva da divisa.
Colunas, no Frontal que o musgo frisa,
e o campo que se espraia, arredondado.

E o pomar: seu odor, sua aspereza,
essa Romã fendida e sumarenta,
com seu rubi vermelho e mal exposto.

E os frutos esquisitos. E a Beleza
— essa Onça-amarela que apascenta
a maciez da Morte e de seu gosto!

A maciez da Morte: essa divindade já não me aparecia mais como algo de irrecusável, de inaceitável e desesperador. Eu começava a sentir uma identificação entre o Amor e a Morte, entre a Vida e o Obscuro, entre o Mundo e o Terrível, porque estava talvez descobrindo aos poucos que, como tinham sonhado os visionários antigos, "a Morte é o toque de um deus no homem".

Então, sobre o tema do Amor, enquanto ligado à Morte, escrevi o seguinte canto:

O AMOR E A MORTE

Com tema de Augusto dos Anjos

Sobre essa Estrada ilumineira e parda
dorme o Lajedo ao sol, como uma Cobra.
Tua nudez na minha se desdobra
— ó Corça branca, ó ruiva Leoparda.

O Anjo sopra a corneta e se retarda:
seu Cinzel corta a pedra e o Porco sobra.
Ao toque do Divino, o bronze dobra,
enquanto assolo os peitos da Javarda.

Vê: um dia, a bigorna destes Paços
cortará no martelo o som dos aços,
e o sangue, hão de abrasá-lo os inimigos.

E a Morte, em trajos pretos e amarelos,
brandirá, contra nós, doidos Cutelos
e as Asas rubras dos Dragões antigos.

Se eu assim falava, era porque a Morte não era para mim alguma coisa de abstrato, ou um simples acontecimento. Sou um Sertanejo, de modo que, informado por meu Povo, eu sabia que a Morte é uma mulher, uma Divindade ao mesmo tempo terrificante e acolhedora, uma moça que, inclusive, tem nome e se chama Caetana. Foi vendo, numa visão, essa terrível e enigmática divindade que escrevi o seguinte soneto:

A MOÇA CAETANA — A Morte Sertaneja

Com tema de Deborah Brennand

Eu vi a Morte, a moça Caetana,
com o Manto negro, rubro e amarelo.
Vi o inocente olhar, puro e perverso,
e os dentes de Coral da desumana.

Eu vi o Estrago, o bote, o ardor cruel,
os peitos fascinantes e esquisitos.
Na mão direita, a Cobra cascavel,
e, na esquerda, a Coral, rubi maldito.

Na fronte, uma coroa e o Gavião.
Nas espáduas, as Asas deslumbrantes
que, ruflando nas pedras do Sertão,

pairavam sobre Urtigas causticantes,
caules de prata, espinhos estrelados
e os cachos do meu Sangue iluminado.

Pouco tempo depois de ter escrito este soneto, estava eu, certo dia, lendo uns versos de Virgílio. Sempre que leio um Poeta que me toca, aparece um verso que se liga à minha vida, ao Sertão, ao sangue de meu País, à pedra do meu destino na terra. Foi assim, aliás, que surgiu a maior parte dos sonetos aqui reunidos. Naquele dia, eu estava lendo mais ou menos descuidado, quando, de repente, saltaram para dentro do meu sangue umas palavras de Virgílio que diziam: "Insensato, que sonhou, com chapas de cobre e tropel de cavalos, repetir o corisco e o Raio inimitável." Meu sangue estremeceu. Era como se eu visse, ali resumida, a tentativa fundamental e falhada da minha vida: como qualquer outro Poeta, eu não era senão um insensato, tentando, com as chapas de cobre e o tropel de cascos das palavras, imitar o Raio inimitável, o clarão da Vida, da Morte e do Mundo. Por outro lado, eu lera também, naqueles dias, uns versos do Cantador Lino Pedra-Azul, meu conterrâneo como Augusto dos Anjos, versos que diziam: "Meu Povo, quando eu morrer, coloquem no meu caixão meu uniforme de Couro, meu guarda-peito e Gibão, com um bonito retrato do meu cavalo Alazão." Tudo aquilo pegou fogo dentro de mim; e então, inspirado nesses dois Mestres, um egresso da tradição mediterrânea, outro das Catingas e carrascais do Sertão onde morei, escrevi o seguinte soneto:

LÁPIDE

*Com tema de Virgílio, o Latino, e de
Lino Pedra-Azul, o Sertanejo*

Quando eu morrer, não soltem meu Cavalo
nas pedras do meu Pasto incendiado:
fustiguem-lhe seu Dorso alanceado,
com a Espora de ouro, até matá-lo.

Um dos meus filhos deve cavalgá-lo
numa Sela de couro esverdeado,
que arraste pelo Chão pedroso e pardo
chapas de Cobre, sinos e badalos.

Assim, com o Raio e o cobre percutido,
tropel de cascos, sangue do Castanho,
talvez se finja o som de Ouro fundido

que, em vão — Sangue insensato e vagabundo —
tentei forjar, no meu Cantar estranho,
à tez da minha Fera e ao Sol do Mundo!

Era o fim da viagem. Seria, também, o fim do exílio, a consumação do amor, do tempo, da vida, do mundo e da morte pela identificação com o Terrível? Era a pergunta, a pergunta fundamental. Então, possesso, temeroso e fascinado ao mesmo tempo, sonhando a sagração final da Divindade feminina e selvagem, cantei o Cantar final, nos seguintes termos:

A MORTE — O Sol de Deus

Com tema de Renato Carneiro Campos

Mas eu enfrentarei o Sol divino,
o Olhar sagrado em que a Pantera arde.
Saberei por que a teia do Destino
não houve quem cortasse ou desatasse.

Não serei orgulhoso nem covarde,
que o sangue se rebela ao toque e ao Sino.
Verei feita em topázio a luz da Tarde,
pedra do Sono e cetro do Assassino.

Ela virá, Mulher, aflando as asas,
com os dentes de cristal, feitos de brasas,

e há de sagrar-me a vista o Gavião.

Mas sei, também, que só assim verei
a coroa da Chama e Deus, meu Rei,
assentado em seu trono do Sertão.

Poesia

Poema [10]

Alguém morreu na estranha madrugada.
Morreu sem lamentar-se inutilmente.
A noite escureceu sobre a sua alma,
cravaram-se as estrelas no seu corpo.

Alguém morreu na estranha madrugada.
Homens velhos torceram-se na cama
e as colunas de sangue dessa morte
pesaram sobre a terra adormecida.

Um homem? Uma mulher? A nós que importa?
A vida debateu-se no silêncio
e foi por fim tragada pelas águas
no fogo e no diamante incendiado.

E as colunas de sangue dessa morte
quebraram-se na aurora contra os muros.
Não houve pranto inútil nem lamentos:
alguém morreu na estranha madrugada.

---

[10] Extraído da peça teatral *O Desertor de Princesa* (1958), reescritura de *Cantam as Harpas de Sião* (1948).

ODE A CAPIBA

Quem quiser saber se eu padeço
pergunte aos canaviais.

Capiba

Não basta que a ventania, vinda do Mar,
seja cortada pelo Gume de pedra dos canaviais,
e, pejada de fatos sem memória, chegue ao Sertão,
curvando para a terra os Lombos dos patriarcas
que cerram os olhos, nos Algodoais, olhando a Distância.

Não basta que toda a terra do Nordeste
receba o impacto de legiões de Arcanjos
que vão deixando, no seu Rastro de fogo,
cicatrizes de Espadas e armaduras.

É preciso lembrar o povo de Anjos da noite,
que cruzou o Mar, gravando na pedra da nova terra
a Queda em que o Sol o despenhou.

É preciso lembrar que todos somos Negros:
legião sem Olhos, precipitada nas Chagas da noite,
esperando que espadas e Mantos sagrados
venham curar nossos Dorsos que o chicote castigou.

Por isso achei-me, Amigo, no teu grande Ritmo negro,
nas Canções tocadas por Rebanhos incendiados,
paridos por graves Atabaques que deuses negros fazem
[vibrar.

Cantei, assim, os Rifles do sertão, cruzando a Tempestade,
traspassando com balas de Sol corpos amorenados,
e hei de lembrar sempre a epopeia de meu povo
que revive ainda, no Sertão, a marcha dos corcéis épicos.

Agora, porém, quero cantar tua Música severa,
sentindo meu sangue curvar-se ao Sangue coletivo
do grande Povo que cruzou desertos e mares, na Queda.

Meu canto é, portanto, a Canção do povo Negro:
parte de mim, fraterno, e marcha ombro a ombro
                              [com Ele,
enquanto o vento vindo do Mar caminha para o sertão,
ao encontro de rifles e Velhos de pedra,
ferido de morte pelo Gume de faca dos canaviais.

1949

AO CRISTO CRUCIFICADO

Ó felix culpa!

Escrito à leitura de Santa Teresa de
Ávila e do poeta Gregório de Matos

Se esse Céu, desejado e imerecido,
for, Coroa de crimes resgatados,
no termo de meus Dias fatigados,
pelo Amor, à minh'alma concedido,

sei que este Amor, que é vosso e que, ferido,
jaz em meu Peito, cego de pecados,
excederá de muito os sons Alados
dos Sonhos em que vivo suspendido.

Mas, lembrando o Desterro meu, presente,
(se permitido for) na Aventurança
talvez eu chore a falta desusada

do tempo em que, contrito e Penitente,
achava a própria Culpa grata e mansa
por ser de Vós remida e consolada.

1951

A UMA DAMA TRANSITÓRIA [11]

Deixa a cabeça em meu peito
enquanto o Sol agoniza:
longe, na tarde Dourada,
ouço-te a Voz desvelada,
antiga, forte, Indivisa.

Tempo e fortuna passaram,
passaram Sede e saudade:
deixa a cabeça em meu peito
que teu Cabelo desfeito
canta a Vida e a brevidade.

Um dia terei passado
e Tu passarás também:
mas, antes, um outro Peito,
talvez sem tanto proveito,
guarde o que o meu hoje tem.

Que seja, pois: vida é Fruto,
morte, Sol, sono e Suspeita.
E eu te quero como à Vida
doce e cruel — sem Medida
na sua Glória imperfeita.

1953

---

[11] Poema musicado por Capiba em 1955 (partitura Ricordi, São Paulo) e gravado por José Milton no álbum *A Uma Dama Transitória* (EMI-Odeon, 1976). *Apud* CÂMARA, Renato Phaelante da; BARRETO, Aldo Paes. *Capiba É Frevo Meu Bem*. Rio de Janeiro: FUNARTE, 1986.

Ode a Zélia [12]

Neste ocaso dourado em que, tranquila,
nossa cidade espelha-se nas águas,
olhamos os dois rios
que levam seus destroços: frutos podres,
pássaros, peixes mortos e carcaças.
Essas coisas, já findas,
estão por isso mesmo destinadas
a fecundar a terra que as espera
e a rebentar de novo
como valentes filhas do verão.
Aproveitando o dom desse momento
e a imagem dos destroços,
um, mais experiente, me murmura
que não se pode, enquanto aqui na carne,
amar a mesma, sempre.
É possível? Então não fomos feitos
somente para o amor e seus cuidados?
Então esse ouro puro,
essa chama e o temor inusitados,
o ressurgir da carne e do desejo
e sua transcendência
— ambos sagrados e ambos munidores
do claro amor da vida e de seu sono —,
tudo isso é sem retorno,
votado sem apelo à corrupção?

---

[12] Este poema, dedicado à artista plástica pernambucana Zélia de Andrade Lima Suassuna (1931), viúva do autor (casaram-se a 19 de janeiro de 1957), faz parte de um conjunto de odes que Ariano escreveu na década de 1950.

Temo o futuro, é certo, e o desafio.
Mas se fosse possível
prever a segurança neste mundo;
se a provisão não fosse alguma coisa
de que os homens só podem
curar no mesmo instante da carência,
diria que o amor e o som da morte
hão de caminhar juntos
até o encontro ardente e já marcado.
Mas qualquer previsão falha no mundo:
não sabemos de nada para a frente
e o que passou se apaga
sem querer ou por medo e por defesa.
Durai, então, semente e juventude!
E cresce tu, ó frágil
sentimento do fogo e do sagrado!
E se o desgaste enfim desagregar
também esta verdade,
se o nobre monumento, carcomido,
nos mostrar mesmo o som de seus destroços,
que venha logo a morte
com sua trompa — bronze, pedra e pó —
conduzir-nos ao certo e resplendente,
onde o amor é possível
e onde esta sarça escura há de caber
enfim na carne e em seu verão sem mancha.

O POETA A SI MESMO

Não cantes só a Carne, o Som do Vento,
ou Pedras e canções; Tudo te chama.
Servo da Turva luz e do Momento,
busca o fogo — teu Sonho — e o mais desama.

Sua Face é Grosseira, mas ardente,
seu acento afugenta o Respeitável
e, ao sol de seus Metais, sóbrio e demente,
a dura vida espreita, irreparável.

E se afinal a Gárgula Sagrada
se mostrasse sem Mel e desprovida,
terias entrevisto Fonte e Arcada,
amoroso do Tom da própria vida,

      e descantado, embora ao som dos Ferros,
      fiel à Chama e ao bronze de teus Erros.

1956

O PRESÉPIO E NÓS (POEMA DE NATAL)

— Um Burro: um Ser dividido
entre Jumento e Cavalo.
— Como nós: Cegos, sonhando
o sonho do Potro-alado!
— Um Boi: Aspas para cima
e os cascos no Chão fincados.
— Como nós, cuja Esperança
arde em Solo devastado.
— Um Anjo: a Chama sem jaça,
Lua e Sol-pacificado.
— Nosso Êxtase é como o dele,
mais o Estremeço orgiástico.
— Um Santo: o que, neste Mundo,
mais se sente um Desterrado.
— É um de nós! Foi na Carne,
Estrela turva, engendrado.
— Eis a Torre-de-Marfim,
puro Sangue imaculado!
— É nossa, a bruna Mulher
vestida de Sol-queimado!
— E o Cristo: esse Dom que prova
que o Sonho nos foi doado.
— É nosso o Filho do Homem,
Profeta e crucificado,
Trompa, estandarte e Coroa
do nosso Sangue marcado,
Cordeiro e cometa estranho,

Estrela do meu Rebanho,
Sol-claro do nosso Gado!

1956
(Reescrito na década de 1980)

Canto popular da Paixão

(Poema cantável)

CORO

Com o Manto Escarlate
do Sangue do Rei
lá vai o Coroado
para a Cruz que lhe forjei.

ESTROFES

Cravo Roxo dolorido
nunca fez mal a ninguém
mas a Pantera da Morte
há de sangrá-lo também.

Cortou-lhe a Carne sem mancha
a correia da Chibata.
Suou sangue em Gota Forte,
brilha o sangue em luz de Prata.

Nossa Maldade tirana
quis assim vê-la sangrada:
de uma Coroa de Espinhos
vai-lhe a Fronte cravejada.

Sete Quedas matadeiras
levou Ele em seu Caminho:
sua Cara limpa e forte
sela o sangue em Alvo Linho.

Já o Madeiro o recebe.
Joga a Sorte o povo cego.
Traspassam seus Pés de Cravos,
e as Mãos sagradas de Pregos.

Em vez de Vinho, o Vinagre
sua Sede castigou.
Ferro afiado da Lança
seu Coração traspassou.

Chega o Gavião da Morte:
o sangue já se lhe esvai:
mais que do Ferro dos cravos
morre da falta do Pai.

E foi assim que O matamos,
mas Ele ressuscitou.
Subiu num Carro de Fogo
e o Sol o transfigurou.

1964

Romance em louvor de Manuel Bandeira [13]

Eu vinha por uma Estrada,
parda Pedra sertaneja,
e encontrei um Cavaleiro
vestido em Manto de estrelas.
Conduzia um Estandarte
seguro ao Arção da sela.
Que brasão tinha o Estandarte?
Brasão de velha nobreza.
E era um Escudo vermelho
com uma quadrada Bandeira,
e nele um Leão azul
com os olhos garços de Fera!
E cantava o Cavaleiro
por essa Estrada deserta:
"Tem pena do meu penar,
deixa tua aia, Donzela."
Não me iludia, em seu todo,
uma aparência modesta:
perturbado e temeroso,
perguntei quem ele era.
— "Sou o Rei do Desamado,
o Cavaleiro-da-Pena.
Amei uma só Mulher,
é sempre a mesma Donzela.
Chamei-a Rosa, Esmeralda,

---

[13] Escrito em 1966, em homenagem aos 80 anos do poeta Manuel Bandeira (1886-1968).

Mária, Maria e Teresa.
Cantei cantares-de-amor,
de-amigo e doidos Poemas."
Eu, estranhando as palavras,
eu, moço e só, na Poeira,
perguntei ao Cavaleiro:
— "É que vindes de outras Terras?
Sois, acaso, das Estranjas?
Nascestes pela Estrangeira?"
Ele, apesar de modesto,
franziu suas sobrancelhas
e tirou de sobre os ombros
aquele Manto de estrelas.
Vi, então, que, sob o Manto,
trazia Véstia e perneiras,
Chapéu de couro estrelado,
pura Arte sertaneja,
combinando o Couro pardo
com a Camurça amarela.
Vi que trazia a Viola,
empunhada à Mão direita,
e tão bem tange o Alaúde
como acompanha com Ela!
Lembrei-me logo duns Versos
que ouvira em passadas Eras,
que, em Menino, um Cantador
me cantara ou me dissera:
— "Minha Viola de pinho,
minha Viola amarela,
quanto mais afino a Bicha,
mais ela se desmantela,
parece que está querendo
que eu viva sujeito a ela."

Disse o Rei: — "Minha Viola
é navalha e é Peixeira!
Sou Nortista destemido,
sou Rei nesta nossa Terra!
Nordestino, como tu,
eu canto na Voz ibérica,
mas plasmei meu Desafio
pelos Cantares das cegas.
Se canto na voz do Povo
e dos Reis das outras terras,
é só porque do Brasil,
o destino, a Sorte é esta:
o Brasil, Ilha-da-Bruna,
é Brasa da voz-homérica.
Na Pasárgada do sonho,
o Brasil bebeu a Grécia
e as Índias Ocidentais,
meu Cipango da Judeia!
Rosa-latina do Sal,
Cartago de uma outra Eneida,
é o País-que-não-existe,
da Cítia à Líbia desértica,
Espanha de Goya e Góngora
— ardente, seca e profética —,
de Lorca e do Romanceiro,
do Sol de Santa Teresa,
couraça de Dom Quixote,
'vida e sonho' da Caldeira!
É o Portugal de Camões
sem a apagada Tristeza,
é palco de Gil Vicente
com o Povo na realeza,
a Brasa-do-Desejado

e a Rosa-das-Encobertas!"
E eu disse: — "Ó Rei, se é assim,
se é essa a nossa Beleza,
vou seguir vosso Cavalo,
seguir a vossa Bandeira!"
— "Se queres seguir-me, segue-te!
aprende essa Lição régia.
Só os Reis usam Coroa,
uma pra cada Cabeça!
Cavaleiros, reis, soldados,
hão de ser os meus Poetas!
Vai, Menino! O Rei te pede:
procura a tua Maneira;
não a minha, que só serve
a quem tem sangue-bandeira!
Em vez deste meu Leão,
Onça-parda verdadeira,
Malhada do teu Sertão,
cobre-sol da Brasileira!"
E, esporeando o Cavalo,
se meteu pela Poeira.
Então, seguindo o Conselho,
peguei meu Gibão e a Sela;
fulgiam no Sol da tarde
as esporas da Roseta;
montei meu Potro castanho,
e, ouro-e-prata das Moedas,
botei meu Chapéu de couro
decorado à sertaneja,
e galopei pela Estrada
buscando a Onça-amarela!
Já longe, porém, voltei-me:
ia o Rei com a Bandeira!

E, enquanto a sua Figura,
sempre calada e discreta,
procurava se apagar
— gentil, cortês e modesta —,
a Sombra, a imagem Real,
refletia-se nas Pedras,
alumiada no Sol,
dourada pela Poeira,
cada vez mais indelével,
cada vez mais gigantesca!

A CANTIGA DE JESUÍNO [14]

Senhores que aqui estão
vou cantar meu Desatino:
a Canção do Cangaceiro
que se chamou Jesuíno,
seu Bacamarte de prata
e a Estrela do seu Destino.

Queria que a luz de Ouro
de uma Justiça constante
brilhasse pra todo mundo
no Sol de seu Diamante,
e é por isso que seu nome
foi Jesuíno Brilhante.

Fazendeiro truculento
desfeiteou seu irmão:
ele vingou esta Ofensa,
fez do Sangue seu brasão
e dizem que desde então
galopava nas Estradas
a cantar esta Canção:

"Eu tenho um Espelho de Cristal:
foi Jesus Cristo que limpou ele do Pó.

---

[14] Este poema deu origem à letra da canção "Cantiga de Jesuíno", musicada por Capiba e gravada por De Kalafe em 1967. A versão aqui transcrita foi revista pelo autor em 2008, especialmente para a nossa antologia *O Cangaço na Poesia Brasileira* (São Paulo: Escrituras, 2009).

Mas lá um dia a terra se alumia:
ao Meio-Dia se espalha a luz do Sol!"

De Guarda-peito e Perneiras,
Chapéu de couro e Gibão,
montado no seu Cavalo
por nome de Zelação,
logo virou Jesuíno
Rei do povo do Sertão!

Tomava dos Poderosos
o Ouro, a Prata e o Cobre,
dividia o que tomava,
distribuindo com os Pobres,
era Bom, valente e Justo,
sangue Limpo de alma Nobre!

Seu sonho era ver a terra
— nobre terra do Sertão —
pertencendo a todo mundo,
na estrela da Partição,
e é por isso que ele canta
de Bacamarte na mão:

"Eu tenho um Espelho de Cristal:
foi Jesus Cristo que limpou ele do Pó.
Mas ele tem uma Luz que alumia:
ao Meio-Dia protege a luz do Sol!"

Então juntaram-se os Ricos
e o governo da Nação:
botaram-lhe uma Emboscada,
e ele morre à traição.

Mas o Povo não esquece,
sonha com ele o Sertão:

"Jesuíno já morreu,
morreu o Rei do Sertão!
Morreu no campo da honra,
não entregou-se à Prisão,
por causa de uma Desfeita
que fizeram a seu Irmão!"

Mas dizem que, ainda hoje,
se, em qualquer ocasião,
um Pobre sofre injustiça
nos caminhos do Sertão,
soam tiros de seu Rifle
e o tropel de Zelação!

E Jesuíno Brilhante
não falta com sua Ação:
queima o dono da injustiça,
de Bacamarte na mão
e então sua Voz se afasta
cantando a velha Canção:

"Eu tenho um Espelho de Cristal:
foi Jesus Cristo que limpou ele do Pó.
Mas lá um dia a terra se alumia:
ao Meio-Dia se espalha a luz do Sol!"

Dístico [15]

Sob o Sol deste Pasto Incendiado,
montado para sempre num Cavalo
que a Morte lhe arreou,
vê-se, aqui, quem, na vida, bravo, ardente
e indeciso, sonhou.

Pelas cordas de prata da Viola,
os cantares-de-sangue e o doido riso
de seu Povo cantou.
Foi dono da Palavra de seu tempo,
Cavaleiro da gesta-sertaneja,
Vaqueiro e caçador.

Se morreu moço e em sangue, teve tempo
de governar seus pastos e rebanhos,
e a feiosa velhice
jamais o degradou.

Glória, portanto, à Morte e a suas garras,
pois, ao sagrá-lo, assim, da vida ao meio,
do Desprezo o salvou:
poupou-lhe a Cinza triste, a Decadência,

---

[15] Escrito em homenagem a João Suassuna (1886-1930), pai do autor, no quadragésimo aniversário de sua morte. João Suassuna, que havia governado a Paraíba entre 1924 e 1928, foi assassinado a 9 de outubro de 1930, no Rio de Janeiro, no exercício de mandato de deputado federal, vítima das lutas políticas ligadas à Revolução de 1930.

gravou sua grandeza em pedra e fogo,
e assim a conservou.

9 de outubro de 1970

Galope à beira-mar [16]

>Escrito no estilo dos Cantadores nordestinos,
>para comemorar a restauração da Fortaleza
>de Pau Amarelo, em Olinda, e dedicado ao
>poeta Marcus Accioly.

Aqui, neste Forte de Pau Amarelo,
eu sonho o Brasil em seu sangue de Brasa.
Reforço o alicerce de pedra da Casa
e, ao sol do Sertão, este Azul desmantelo.
Que eu canto o Pau-d'arco, o pau-d'arco amarelo,
velando as entradas da Serra e do Mar.
E a minha Viola se põe a esturrar,
ferida no sangue do Povo que é pobre,
que é grande, que é raça, que é Onça, que é nobre,
cantando Galope na beira do Mar!

Eu moldo o Sertão em teu sol, Litoral,
e o verde da Mata florada do Engenho
é outro dos Reinos que forjo e que tenho,
bebendo, do Mar, estes verdes e o Sal.
Eu sopro meu Fogo na trompa de Cal
e imito os estalos do Vento a queimar.

---

[16] Poema publicado, em manuscrito do autor, na *Seleta em Prosa e Verso* (1974). Uma das muitas formas poéticas tradicionalmente usadas pelos cantadores nordestinos, o galope à beira-mar é composto por estrofes de dez versos de onze sílabas, com acentuação tônica na quinta e na décima primeira, rimados em ABBAACC-DDC. De regra, o último verso faz referência ao nome da forma poética.

No som dos Canhões vejo o Bronze sagrar
os Fortes de pedra da Guerra Holandesa
e a Negra e Vermelha da Nau portuguesa
cantando Galope na beira do Mar!

Porque, no Sertão, as três Onças sinadas
— a Negra, a Vermelha e a Branca da Moura —
cruzaram seus Sangues de ferro, em tesoura,
parindo, no Sol, a Fiel, a Pintada.
Castanha da parda, vermelha e malhada,
seu pelo é dos ouros da Rosa lunar!
Nos olhos acesos, a Brasa solar!
E eu, sangue do Sol de uma Onça-Malhada,
celebro esta Raça castanha e sagrada,
cantando Galope na beira do Mar!

MARTELO AGALOPADO [17]

O galope sem freio dos Cavalos,
os punhais reluzentes do Cangaço,
a prata dos Bordões, no seu traspasso,
o pipocar do Rifle e seus estralos.
O Sino, com seus toques de badalo,
as Onças com seus olhos amarelos,
o Lajedo que é trono e que é Castelo,
o ressonar do Mundo — esta Onça parda —,
o vento, o sangue, o Sol, a madrugada,
e eu tinindo o galope do Martelo.

Na prisão destas Pedras fui atado,
aos olhos garços duma Cega fera.
O sangue da pobreza é uma Pantera
que estraçalha meu Povo injustiçado.
Onde reina a justiça do Sonhado,
senhores do baraço e do Cutelo?
Ela vem! E eu, ao fogo do Flagelo,
mesmo em dura Prisão assim metido,

---

[17] Outra das muitas formas poéticas usadas pelos cantadores nordestinos, o "martelo agalopado" também pertence à família das décimas (estrofes de dez versos), caracterizando-se por conter versos de dez sílabas rimados em ABBAACCDDC. A acentuação tônica dá-se obrigatoriamente na sexta e na décima sílabas, preferencialmente também na terceira, quando o verso fica, segundo os cantadores, "amartelado". Musicado e interpretado por Antonio Nóbrega, enquanto integrante do Quinteto Armorial, este poema encontra-se impresso, em manuscrito do autor, na capa do quarto e último álbum do grupo, *Sete Flechas* (Discos Marcus Pereira, 1980).

na cadeia dos anos vou, detido,
retinindo o galope do Martelo.

E as abelhas, o Mel acre e dourado,
e o angico, e o tambor, e a baraúna.
O concriz aurirrubro, a caraúna,
os cardeiros de frutos estrelados.
Chora a Vida: "Ai meu sangue assassinado!"
Grita o Mundo: "Na pedra eu me cinzelo!"
E o Tempo: "Tudo eu queimo e esfarelo!"
Quanto a mim, aos açoites da Virola,
vou, nas cordas de prata da Viola,
retinindo o galope do Martelo.

1972

INFÂNCIA[18]

Com mote de Maximiano Campos

Sem lei nem Rei, me vi arremessado,
bem menino, a um Planalto pedregoso.
Cambaleando, cego, ao sol do Acaso,
vi o mundo rugir, Tigre maldoso.

O cantar do Sertão, Rifle apontado,
vinha malhar seu Corpo furioso.
Era o Canto demente, sufocado,
rugido nos Caminhos sem repouso.

E veio o Sonho: e foi despedaçado.
E veio o Sangue: o Marco iluminado,
a luta extraviada e a minha Grei.

Tudo apontava o Sol: fiquei embaixo,
na Cadeia em que estive e em que me acho,
a sonhar e a cantar, sem lei nem Rei.

---

[18] Soneto sem data, publicado em jornal, em 1971, e posteriormente na *Seleta em Prosa e Verso*, de 1974, foi utilizado para a realização de uma das iluminogravuras do álbum *Dez Sonetos com Mote Alheio*, de 1980, de onde extraímos a versão aqui apresentada. O poema faz referência ao conturbado período da infância do autor, após o assassinato do seu pai.

Abertura "Sob pele de ovelha" [19]

Falso Profeta, insone, Extraviado,
vivo, Cego, a sondar o Indecifrável:
e, jaguar da Sibila-inevitável,
meu Sangue traça a rota deste Fado.

Eu, forçado a ascender, eu, Mutilado,
busco a Estrela que chama, inapelável.
E a Pulsação do Ser, Fera indomável,
arde ao sol do meu Pasto-incendiado.

Por sobre a Dor, a Sarça do Espinheiro
que acende o estranho Sol, sangue do ser,
transforma o sangue em Candelabro e Veiro.

Por isso, não vou nunca envelhecer:
com meu Cantar, supero o Desespero,
sou contra a Morte e nunca hei de morrer.

---

[19] Extraído de iluminogravura do álbum *Sonetos de Albano Cervonegro* (1985).

Cordel

Romance de João e Maria
ou seja
Os Dois Meninos do Mato no Labirinto do Mundo

Neste Romance de Enigma, o Leitor inteligente verá muita coisa escondida e Simbólica! A sorte de João e Maria não é outra coisa que o Desterro de todos nós. O Sertão é o Mundo, com a casa do céu e a Catinga do Perigo onde fomos exilados. A Casa de Pedra da bruxa Docinzapelo é o Inferno, o mundo da injustiça e do Pecado, onde os homens oprimem os Pobres e podem se perder nas Maranhas do Demônio, sob as garras do Maracajá e da Cobra-Coral da Morte. Mas quem persevera no Bem, sai da Noite e da Pedra para o Sol e acaba por voltar à Casa e ao Pai, guiado pelo Verdelinho, que é o Anjo da Guarda. Porque, assim como existem os Gaviões da Desgraça — Bernardo Cintura (A Fome), Manuel de Matos (A Nudez) e Caetana (A Morte) —, existe também o Gavião Real, o Pássaro de Ouro do Espírito Santo. Sofrimento, maldade, amor, e, por fim, a Sagração do Triunfo Final!

★★★

Meu povo, abra o Sol do sangue
e a Esmeralda da atenção,
pois vou cantar a Legenda
do Reinado do Sertão
que é a História de Maria
e é a História de João.

Seu pai era Tangerino,
vivia nessa Peleja.
Era, a casa onde moravam,
na Catinga sertaneja,
Estrada que o Diabo espreita,
e Pedra que Deus proteja.

Chega a Seca: até as Reses
no Sol-fogo se abrasaram.
A água e o nobre Trabalho
ao Tangerino faltaram.
Sobre a Casa da Catinga
três Gaviões peneiraram!

Um é Bernardo Cintura,
da Fome a figura estranha;
o outro é Manuel de Matos
que a parda Nudez estanha;
o terceiro é Caetana,
fêmea da Morte Castanha!

O Pai, vendo os três pousarem,
viu que seu Povo morria.
Chamou a Mulher e disse-lhe
que, com eles, inda ia,
mas não podia assistir
morrerem João e Maria.

E disse então à Mulher:
"É noite. Amanhã, cedinho,
vou convidar eles dois
para caçar Passarinho

e vou deixá-los perdidos
na Catinga sem caminho.

Aqui a Morte Castanha
vai os dois despedaçar.
Assim, fiquem na Catinga:
se acharem Morte por lá,
será de um Anjo de Deus,
que há de nos perdoar!"

Mas João, que estava acordado,
a história toda escutou
e um Plano para salvarem-se
inutilmente buscou.
Adormeceu muito tarde:
no Sono, um Anjo o acordou.

Conversou muito com ele,
deu-lhe um pedaço de Pão.
Quando foi de manhãzinha,
o Pai chamou-os, e João,
espantado, viu que tinha
o Pão do Anjo na mão.

O Pai acordou Maria
e disse: "Vamos caçar.
Em casa não há Comida
e é preciso se arranjar.
Vocês vão comigo ao Mato:
vão logo se preparar."

Saíram pela Catinga,
João ia o seu Pão cortando:

com farelos e Migalhas
ia o Caminho marcando.
O Pai, por fora era Pedra,
por dentro o Peito sangrando!

Bem longe, dentro do Mato,
por entre Pedras e Espinhos,
disse o Pai: "Ali, na Serra,
vai cantando um Passarinho.
Vou lá, ver que Ave é essa:
Concriz ou Salta-caminho.

Fiquem sentados, já volto,
eu já volto, meus Filhinhos!
Fique um Anjo em sua guarda
já que não pude, sozinho,
guardar dois anjos do Céu
como Maria e Joãozinho!"

E saiu dali, correndo,
chorando Desesperado.
Mal se encobriu dos Meninos
correu no Mato trançado,
pedindo à Flecha da Morte
que o matasse Traspassado!

João e Maria ficaram
sobre um Lajedo sentados,
ouvindo os passos do Pai
cada vez mais afastados:
no silêncio da Catinga,
soprava o Vento assombrado!

A Roda Ruiva do Tempo
virava e gerou o Medo:
Maria disse ao irmão
que temia esse Degredo,
Catinga de Pedra e Urtigas,
Cobras, Onças e Lajedos.

João disse: "Eu vou desvirar
da Sorte a Roda Selvagem!
Meu Pai deixou-nos aqui
porque não tinha coragem
de nos ver mortos de Fome:
vou desfazer a Viagem!

Eu marquei todo o Caminho
com o Pão que um Anjo me deu:
é só seguir as Migalhas,
foi Ele quem nos valeu.
Para ensinar-me esse Plano,
o Anjo do céu desceu."

Ergueram-se então da Pedra,
foram olhar o Caminho:
não acharam nem Farelo
pois um belo Verdelinho
viera na Rota deles,
tinha comido tudinho!

Desce o Sol do Desespero,
sobre o sangue de Maria!
Mas João é mais animoso
e diz que a Estrada acharia;

que Ela não chorasse mais
que ele a Casa a levaria.

Deu a mão à sua Irmã,
saem no Mato, vagando:
pelo Pai, com voz sentida,
gritavam de vez em quando.
Com o Sol por trás dos Serrotes,
já vinha a Noite baixando.

Então, viram-se Perdidos
e mesmo João quis chorar.
Mas, no mesmo instante, um Pássaro
ouviu-se, Perto, cantar.
Disse João: "É o Verdelinho
e parece nos chamar!"

Pulava de galho em Pedra,
da Pedra pulava ao Chão:
parecia que indicava
ao Menino a Direção,
luz acesa da Esperança,
Estrela da escuridão!

O Verdelinho, contente,
seguiu de Catinga adiante.
Parecia arrependido
do seu Furto e do rompante
com que deixara as Crianças
perdidas no Mato errante!

Chega a Noite, o Pesadelo!
Vai, Verdelinho, voando!

Vai, João, na mão de Maria,
vai a Ave acompanhando!
Vai que lá longe se avista
uma Luz Clara brilhando!

Sim, decerto, é uma Casa:
mas será a Salvação?
Correm, correm de Mãos dadas
os Errantes do Sertão,
sem verem que o Verdelinho
piava com Aflição!

Ai que Casa estranha e Dura!
Será a Furna do Medo?
Cavada na Pedra Cinza,
seu chão é duro Lajedo;
porta e janelas são Fendas
quadrejadas no Rochedo!

Mora ali a Onça-da-Morte,
e a Cobra-do-pesadelo,
mora a Bruxa da maldade,
a velha Docinzapelo
que tem os Dentes de fogo
e é Dona do Setestrelo!

Ela não tinha mais Vista
e quase não tinha Olfato;
come todos os Meninos
que se perdem pelo Mato.
Para matar as Crianças
tem duas Cobras e um Gato.

A Jaula para os meninos
fica no meio da Casa:
o fulvo Maracajá
é Garra e Dentes com Asas;
Cascavel é cobra-guizo,
Coral é cobra de Brasa!

A Velha, vendo os Meninos,
fingiu-se de muito boa.
Abre a Jaula e diz: "Ah, entrem!
É Deus quem os abençoa!
Entrem! Tem cama e Comida
que dá para três pessoas!"

Entraram João e Maria
na sala, que estava Escura!
João perguntou: "É aqui?"
"É mais pra lá, Criatura!"
Sem ver, entraram na Jaula
que era de Ferro e segura!

Assim que entraram na Jaula,
ouviu-se a Porta bater,
e a Velha, vendo os dois, presos,
foi as Luzes acender:
queria ver, apalpando-os,
se estavam bons de comer.

Achou-os Magros e disse:
"O jeito é eu esperar!
Vocês vão ficar aí,
comendo até engordar.

Quando estiverem no Ponto,
minhas Cobras vou soltar.

Como são Finas, na Jaula
entram e matam Vocês;
então, solto o Maracajá
que sangra os Dois de uma vez,
bebe o Sangue e a Carne eu asso:
dá comida para um Mês!"

Foi dormir às Gargalhadas!
Maria abraçou João
e disse: "Estamos perdidos!
Adeus, adeus, meu Irmão!"
João tornou: "Não chore, Mana!
Deus nos manda a Salvação."

Inda não fechara a boca
e o Verdelinho piou.
Em torno dos dois Meninos
três vezes esvoaçou,
e, deles, no mesmo instante,
o Sono se apoderou.

Joãozinho sonhou, no Sono,
que o Pássaro lhe falava,
recomendando Coragem
porque Deus não lhe faltava;
sonhou também que um Conselho
a Ave Encantada lhe dava:

"A Velha não tem bons Olhos,
pra saber, apalpa Tudo.

Pra descobrir quem é gordo
ela só faz seu Estudo
pegando pelo Mindinho
e vendo que está Graúdo.

Do mato, uma Lagartixa
todo dia lhe trarei.
Quando Ela disser: 'Me mostre
o Dedo que lhe mandei',
espiche o Rabo da Bicha
e diga: 'Não engordei.'"

E assim se fez. Traz a Osga
todo dia o Passarinho.
A Velha chegava à Jaula:
"Ó João, me mostre o Mindinho!"
João espichava-lhe o Rabo
dizendo: "Inda estou magrinho!"

As Cobras viam as Coisas
ali como se passavam.
Querendo avisar a Velha
torciam-se e assobiavam;
miava o Maracajá
mas nenhum dos três falava.

Passaram-se muitos Dias
que o Sol mata em seu Clarão.
Os dois, pela vez primeira,
comem Galinha e Capão
e engordam, matando a Fome
herdada do Gavião.

Um dia, a Velha, impaciente,
gritou a João e Maria
que, Magros ou gordos, vinha
comê-los no outro Dia;
que, para fazer o Fogo,
bem cedo Ela acordaria.

As Cobras, por trás da Jaula,
vendo a Faca do Destino,
contentes assobiavam,
miava o Gato ferino,
sonhando já com o Sangue
da matança dos Meninos.

João e Maria passaram
a Noite inteira chorando,
pedindo à Virgem Maria
e a Jesus Cristo implorando
que os livrasse de Caetana
que vinha se aproximando.

Eis que a luz brilhou na Porta
assim que a Prece acabou:
de dentro da Luz Brilhante,
o Verdelinho saltou;
dentro da Sala de Pedra,
ergueu o Bico e cantou.

Com ele vinha um Timbu
com mais duas Muçuranas.
Ao vê-los, o Gato e as Cobras
— no piscar de uma Pestana —

tremeram como se vissem
a Onça Suçuarana!

O Timbu, magro, passou
facilmente pelas Grades:
ferra o Gato no pescoço
com grande Ferocidade,
sangra a veia, bebe o Sangue
até matar a Vontade!

Mais finas que as Venenosas
vão as Pretas às Serpentes.
Enrolaram-se essas Quatro
na Cipoada e no Dente:
as Pretas comem as outras,
engrossando de repente!

Quando foi de Madrugada,
Docinzapelo acordou:
trouxe um grande Caldeirão
que de Azeite abarrotou;
colocou-o sobre a Pedra
e Fogo embaixo atiçou.

Abre a Jaula das serpentes:
"Vão, que está livre o Terreno!
Vão, Coral e Cascavel,
vão à Jaula dos pequenos!
Cada qual que morda um:
quero Sangue com Veneno!"

As Muçuranas fugiram,
deslizando por seu Pé,

e a velha Docinzapelo
da mudança não deu fé:
abriu a Jaula do Gato
e o Sariguê deu no pé!

Passados alguns instantes
Docinzapelo pensou:
"Já fez efeito o Veneno
e o Gato já os sangrou!"
Abriu a Jaula e uma Escada
no Panelão encostou.

A Bruxa subiu pra ver
se o Óleo já estava quente.
Com a Jaula aberta, João sai,
sobe a Escada lestamente
e empurra a Velha que cai
dentro do Azeite fervente.

Torrando no Azeite, a Velha
gritava de fazer Dó:
"Tragam Água, meus Netinhos!"
"Azeite, senhora Avó!
Azeite, bruxa Danada!
Azeite, velha Cotó!"

O Verdelinho comera
o Pão que o Anjo amassou:
foi ele o Anjo da Guarda
que essa Casa consagrou.
Para salvar os meninos,
seu Sangue se iluminou.

Então, buscou com seu Bico
— assim que a Velha morreu —
pelas paredes de Pedra
até que afinal bateu
num Botão bem escondido
que Ele, com Jeito, torceu.

A Pedra logo se abriu
e João viu, brilhando dentro,
moedas de Ouro e Anéis
com Diamantes no centro.
Lá dentro soava um Sino,
tilinta a Prata no vento!

João pegou um dos Caixotes
e deu o outro a Maria.
Deixou Rubis e Diamantes:
seu valor não conhecia!
Mas a Ave, vendo aquilo,
de um em um engolia!

Pesado de tantas Pedras,
o Verdelinho voou.
Atravessou a Catinga,
os dois Meninos guiou
e já bem perto da Casa
numa Braúna pousou.

Já fazia um Ano e um Dia
que os dois tinham se sumido.
O Pai e a Mãe, no terraço,
do que já tinham sofrido

se maldiziam, chorando
a dor do Sangue perdido.

Amarga, naquele dia
dizia a Mãe ao marido:
"O que mais me dói em tudo
é ter nisso consentido!
Maria, Estrela da Tarde!
João, sol do Sangue ferido!"

E o Pai chorava também
dizendo: "Eu sou o Culpado!
Se tenho tido mais Fé,
os Dois tinham escapado!
Maria, Prata do Rio,
João, meu Potro do Escampado!"

Nesse instante, uma Poeira
avistaram lá na Estrada.
Viram João que vinha andando
e Maria carregada,
coberta de Prata e Ouro,
pelos Anjos coroada!

Sua Alegria foi tanta
que não se pode contar:
eles choravam e riam,
pediam para contar!
Vai-se a Desgraça Castanha,
fica a Estrela a brilhar.

Já se ouve um Canto de Pássaro,
já rufla o bater das Asas!

E os gaviões da Danada
deixam a telha da Casa
que brilha, agora, no Sol
como uma Rosa de Brasa!

Na Braúna do terreiro
canta sempre o Verdelinho:
a cada trino, Topázios
caíam pelo Caminho,
Brilhantes pelos Lajedos,
Rubis por entre os Espinhos!

Depois, sumiu-se nos Ares,
cumprira a sua Missão.
E foi assim que Maria
e assim também que João
hoje são Reis coroados
da Legenda do Sertão.

*A*qui acabo a Encomenda:
*r*isquei-a mal, não me louvo;
*i*rei, porém, ao Sertão,
*a*trás de um Estilo novo
*n*o qual forjarei um Canto,
*o*uro e Fogo do meu Povo.

1965

Teatro

A CASEIRA E A CATARINA

PERSONAGENS:
ADÉLIA
ORLANDO SAPO
SEVERINO BISAQUINHO
JÚLIA
IVO
MANUEL SOUZA
FREI ROQUE
CARMELITA
PEDRO CEGO

O cenário representa uma sala de foro do sertão. A um canto, um caixão de defunto, com quatro velas grandes nos cantos, ou, pelo menos, uma grande vela no lado onde se presume estar a cabeça. Adélia, vestida de encarnado, está imóvel, a um canto da sala, com um porquinho na mão. Entram o juiz Orlando Sapo e o oficial de justiça Severino Bisaquinho. O juiz é incrivelmente míope e enfia o nariz em tudo, para poder ver.

ORLANDO
   Mas é possível? Não houve
   um jeito de se livrar
   desse defunto sem dono?

SEVERINO
   Não estou dizendo ao senhor
   que fiz o que foi possível?
   Chegaram com o caixão,
   derramaram o pacote
   e foram-se embora.

ORLANDO
                  O padre
   tinha mais obrigação.

SEVERINO
   Foi o que eu disse, mas eles
   responderam que daqui
   devia partir o enterro.

ORLANDO
   Mas ele morreu aqui?

SEVERINO
   Morreu na rua. Mas, como
   pedia esmola sentado
   aí na porta do foro,
   ficaram logo dizendo
   que era nossa obrigação.

ORLANDO
   E onde é que está o defunto?

SEVERINO
   Aí, Seu Juiz, aí.

ORLANDO
   Nossa Senhora! Não diga!
   Onde?

SEVERINO
       Ora onde, aí, aí!

ORLANDO
   (Apalpando um móvel.)
   Estou vendo, aqui! Coitado
   de Pedro Cego, morrer
   assim! Aqui é o nariz?

SEVERINO
   Não, aí é o armário.

ORLANDO
   O armário do defunto?
   Tibe! Vote! Vai pra lá
   que eu não sou de sacrilégio!

SEVERINO
   O nariz é do outro lado!

ORLANDO
   Aqui?

SEVERINO
     Não, não, Seu Doutor!
   Do outro lado da sala!

ORLANDO
   Ah, sim, agora encontrei.
   (Ajoelha-se.)
   Achei, está aqui. Pedro Cego,
   que a terra lhe seja leve
   é o que deseja, no peito,
   este seu menor amigo...

SEVERINO
   Doutor, isso aí é o porco.

ORLANDO
   Não diga isso, respeite
   os mortos! Respeite Pedro
   Cego, que ele já morreu!

SEVERINO
   Eu sei que ele já morreu,
   mas isso aí é um porco
   e inda está vivo!

ORLANDO
                Ora bolas!
E onde está esse peste
desse defunto sem dono
que não há quem ache nunca
para ao menos se rezar
por alma dessa desgraça?

SEVERINO
Mais para lá! Mais pra lá!

ORLANDO
Aqui? Cheguei, afinal?

SEVERINO
Mais para lá um pouquinho!

ORLANDO
(Topando.)
Ai! Ai! Que diabo foi isso?

SEVERINO
Um banco!

ORLANDO
              Isso é uma desgraça!
Que coisa mais trabalhosa
só é procurar defunto!
É aqui, afinal?

SEVERINO
              É!
Doutor, o senhor precisa

arranjar um par de óculos!
O senhor está ficando
míope!

ORLANDO
      Míope que nada!
É que, ultimamente, as coisas
deram para ficar longe.
Sou um saco de doenças,
mas, quanto a isso de ver,
enxergo perfeitamente!
Por exemplo: veja a luz!
Quando vejo a claridade
sei logo que é a janela!
Ai! Quase queimo as pestanas!
Diabo de janela quente!

SEVERINO
Doutor Orlando, é a vela!

ORLANDO
Que vela?

SEVERINO
      É a vela grande
que está aí, alumiando
o corpo de Pedro Cego.

ORLANDO
Ah, o peste do defunto!
Me diga mesmo: aqui é
lugar de ninguém morrer?
Quase que perco a canela

batendo naquele banco
e agora, os olhos, no fogo!
Quem já viu uma coisa dessa,
um defunto aqui no foro!
Que negócio mais sem jeito!
Isso é que é um defunto
inconveniente! Bem,
bem, se não tem outro jeito,
faz-se o enterro com a verba
de conservação do prédio.
Pedro Cego, vá com Deus!

SEVERINO
Doutor, é o porco de novo!

ORLANDO
Eu vi, eu vi que era o porco!
Ô Severino, que diabo
faz esse porco no foro?
Será que é pouco o defunto?

SEVERINO
Foi Dona Adélia quem trouxe.

ORLANDO
Ah, foi? Bem, se fede um pouco
pelo menos está vivo.
Venha cá, meu filho!

ADÉLIA
(Dando-lhe uma tapa.)
                                Epa!
Vá pra lá!

ORLANDO
>O que foi isso?
>Bati de venta no muro?

ADÉLIA
Não, foi na dona do porco!

ORLANDO
Quem é a dona?

ADÉLIA
>Eu, Adélia.

ORLANDO
A senhora me desculpe,
mas também pra que inventou
de trazer porco pra cá?

ADÉLIA
O senhor também desculpe,
mas também por que inventou
de errar e me catucar?

ORLANDO
Não faça confusão, não,
está ouvindo, Dona Adélia?
Fique aqui, junto à janela,
pra eu poder diferenciar.
Pronto: o caixão está de preto
e ela está de encarnado.
Assim sei, não tem errada.
Se eu avisto um vulto preto
sei logo que é o caixão.

O vulto encarnado é a dona
do porco. Pronto, está bem!
Para que veio esse porco?

ADÉLIA
Era o que eu ia dizer:
o porco está em questão.

ORLANDO
Ele é seu?

ADÉLIA
Não era não,
mas agora é. Inda agora
ele era de Carmelita,
mas agora é muito meu.

ORLANDO
Quem é essa Carmelita?

ADÉLIA
Carmelita é uma catarina.

ORLANDO
Uma catarina? Oxente!

SEVERINO
Sim. É uma mulher-dama
que está aí no Rói-Couro.
Chegou há um mês, de Patos,
e está tudo quanto é homem
doido por ela. Ela é linda!

ORLANDO
> E o nome de mulher-dama
> é agora catarina?

ADÉLIA
> Não é Frei Roque quem chama?
> Frei Roque chama as mulheres
> que são casadas *caseiras*
> e as damas de *catarinas*.

SEVERINO
> O Rói-Couro está assim,
> está assim de catarina!
> A coisa mais animada!

ORLANDO
> E a senhora também é
> catarina do Rói-Couro?

ADÉLIA
> O quê? Doutor, me respeite!
> O senhor não é besta não?
> Eu sou uma mulher séria!

ORLANDO
> Ah, é caseira! Desculpe!

ADÉLIA
> Doutor, eu não sou caseira,
> nem catarina, está bem?
> Eu sou donzela e solteira!

ORLANDO
  Desculpe, Dona, eu pensei...

ADÉLIA
  O senhor não pensou nada
  nem vai pensar, está bem?

ORLANDO
  Está! Que é que há, donzela?

ADÉLIA
  O que há é que esse porco
  entrou-me em casa e quebrou-me
  o vidro da cristaleira.

ORLANDO
  O porco é da catarina
  que se chama Carmelita?

ADÉLIA
  Era! Ele deu prejuízo,
  a dona não quer pagar,
  fiquei com ele pra mim.

ORLANDO
  Então, está tudo em paz,
  não vejo questão nenhuma.

ADÉLIA
  Mas eu vejo!

ORLANDO
           Por que vê?

ADÉLIA
   Essa tal de Carmelita
   não se conforma em pagar
   e diz que não perde o porco.
   É uma mulher perigosa
   e tem péssimos costumes.
   Diz que me desmoraliza,
   que me dá uma navalhada,
   uma coisa horrível! Vim
   pra o senhor me garantir!

ORLANDO
   Essa é boa, toma o porco
   e quer que eu garanta tudo!
   Severino, fale, diga:
   a mulher é braba mesmo?

SEVERINO
   É mesmo que o cão, Doutor!

ORLANDO
   Valha-me, Nossa Senhora!
   Eu já sei que quem acaba
   levando essa navalhada
   sou eu. Dona, vá embora!

ADÉLIA
   Vou nada! Essa catarina
   está na esquina, me esperando!

ORLANDO
   Meu Deus, meu Deus! Severino,
   será que ela vem pra cá?

ADÉLIA
Quem sabe? O senhor que saia
e vá perguntar a ela!

ORLANDO
Deus me livre! Dona Adélia,
deixe de complicação
senão eu mando prendê-la!
A senhora entre pra ali
que eu já resolvo seu caso!

ADÉLIA
Mas é pra resolver mesmo,
viu?

(Sai.)

ORLANDO
   Minha Nossa Senhora,
num dia só, um defunto,
um porco e uma navalhada!

SEVERINO
O senhor por que não manda
pagar o porco também?

ORLANDO
Com que verba eu vou pagar?

SEVERINO
Com a mesma do defunto.

ORLANDO
Termina acabando a verba.

SEVERINO
　　É melhor do que acabar
　　sua cara de navalha!

ORLANDO
　　Ai, que é mesmo!

SEVERINO
　　　　　　　　E se, com isso,
　　o senhor se sair bem
　　das complicações do dia
　　deve dar graças a Deus.

ORLANDO
　　Severino, é mesmo? E o que é
　　que falta me acontecer?

SEVERINO
　　Dona Júlia não vem hoje
　　pra a audiência do desquite?

ORLANDO
　　É mesmo, nem me lembrava!
　　Não digo que sou sem sorte?
　　Por que logo a Dona Júlia
　　achou de se desquitar?

SEVERINO
　　O que é que tem Dona Júlia?

ORLANDO
　　Não é a parteira?

SEVERINO
     É.

ORLANDO
 Pois é ela quem me acode
 quando eu estou apertado.

SEVERINO
 Oxente! A parteira?

ORLANDO
     Sim.
 Dona Júlia é quem me dá
 as lavagens que me salvam
 quando estou nos meus apertos.

SEVERINO
 Pensava que nó na tripa
 fosse doença de pobre.
 E o senhor toma lavagens?
 Nunca pensei que um juiz
 passasse por essas coisas.

ORLANDO
 Pois eu passo e é o jeito.
 Passo de três em três dias.
 Sou um saco de doenças.
 Tenho uma úlcera de estômago
 e duas no duodeno.
 Para o lado do pulmão,
 caverna é o pau que mais tem.
 Vivo roncando e tossindo,

com laringite e bronquite,
asma e catarro maléfico.
Nas pernas, é reumatismo.
Nos braços, tenho fraqueza
e retração nos tendões,
mau jeito nos cotovelos.
Para o lado dos intestinos
é onde está o pior.
É aquilo que você sabe:
paralisia epilética,
flatulência, nó na tripa
e aquela prisão de ventre...
inteiramente trancada,
que é preso incomunicável,
sem *sursis* nem *habeas corpus*.
Só quem relaxa a prisão
de ventre que me persegue
é Dona Júlia, a parteira.

SEVERINO
   Não deixa de ser um parto.

ORLANDO
   Ela me dá um clister
de mastruço, quenopódio,
fedegoso, quebra-pedra,
louro, cabeça-de-negro,
couro de tamanduá,
raspa de unha de preguiça,
jurubeba, erva amarga,
capeba e casca sagrada.
Só ela sabe a receita,
só ela sabe a maneira

de cozinhar a mistura
e a proporção das substâncias.

SEVERINO
E resolve seu aperto?

ORLANDO
Bem, resolve! É garantido.
Tomou, destampou.

SEVERINO
              Também,
com tanta mistura junta,
destampa-se até cimento.

ORLANDO
Meu Deus! Agora me diga!
Como é que posso julgar
o caso de uma mulher
sem a qual morro entupido
como cano de espingarda?

SEVERINO
Doutor, o senhor só pode
julgar tudo a favor dela.

ORLANDO
De véspera?

SEVERINO
           Sim, de véspera.
O senhor sabe que morre
se não tomar o clister.

Se o senhor der contra ela,
Dona Júlia se abufela,
não dá mais a garrafada
e o senhor é quem se atola.
Ou melhor, é quem se tranca.
Trancado como uma porta
e para o resto da vida.

ORLANDO
Mas, Biu, se eu me convencer
de que ela não tem razão?

SEVERINO
O senhor inda se lasca
com essa mania besta
de indagar quem tem razão.
Chega um caso, o senhor pensa,
futuca por todo lado,
descobre quem tem razão,
dá sentença a favor dele.
Quer saber o que acontece?
Quem tem razão sai achando
que o senhor não fez favor,
que era sua obrigação.
E quem não teve razão
se torna seu inimigo.
É bom negócio?

ORLANDO
         Não sei,
mas eu fiz um juramento!
Meu Deus, que é que vem fazer
no mundo um pobre juiz?

Severino, eu lhe confesso
uma coisa que pensei:
o que o mundo tem de doido,
de malfeito e complicado,
é feito pelas pessoas.
Sou louco pelo Direito:
acho que o Direito puro
é o que existe de mais belo.

SEVERINO
E é muito bonito mesmo.
O júri, o réu por ali,
bem triste, de cara baixa,
se fazendo de penoso,
o advogado teimando,
se fazendo de mimoso,
se fazendo de engraçado;
o promotor, escumando,
chega parece mordido
de cachorro da moléstia;
o senhor com essa saia...
E o bom é que já se sabe:
nada daquilo é verdade,
é tudo representado,
só para ficar bonito!

ORLANDO
E a regra, a lei, a doutrina?
Você, coitado, é um rústico,
não pode gozar aquilo.
Mas, para mim, Severino,
todo o encanto do mundo
é a doutrina do Direito.

É um mundo perfeito e puro.
A norma paira por cima:
é uma fonte, um céu imóvel.
Dali brota a obrigação,
as relações necessárias,
tudo flui e tudo emana
numa ordem sossegada!
Um direito corresponde
a um dever, do outro lado;
tudo é bem equilibrado,
cada coisa em seu limite,
todas elas se entrelaçam
por caminhos competentes,
tudo tem o seu lugar,
seu tempo determinado,
num mundo onde não há falhas
nem ruína, nem desordem.

SEVERINO
É então que nele penetram
a parteira e seu clister.

ORLANDO
Já viu desordem maior?
O clister estraga tudo.
Aquilo que era perfeito
deve agora se aplicar
a tudo que é imperfeito
e a ordem se desmorona.
O Direito, Severino,
devia existir por fora.
Organizava-se o foro
com togas e rituais,

com juízes, promotores,
tabeliães, advogados...

SEVERINO
Oficiais de justiça...

ORLANDO
Não era preciso.

SEVERINO
          Mas,
assim, perco meu emprego!

ORLANDO
Não se vai citar ninguém!

SEVERINO
Nem vai se julgar ninguém!

ORLANDO
Vá lá, ficava você.
Nós passávamos a vida
polindo cada vez mais
esse mundo já perfeito
com uma placa na porta:
"É proibida a entrada
dos estranhos ao serviço."
Que sonho! O Direito puro!
Felicidade completa!

SEVERINO
Mas para acabar com ele
vem chegando agora mesmo

a parteira do clister.
E vem com o advogado.

ORLANDO
  Ivo?

SEVERINO
  Sim.

ORLANDO
             Ivo Beltrão?
  Não fico aqui, Severino!
  Se ela contratou o peste
  desse doutor chicaneiro,
  desse magrela safado,
  é que o caso se complica
  e ela está disposta a tudo.
  Fique você. Mas se esconda.
  Ouça o que esses dois conversam.
  Ouça e vá lá me contar.
  Se a coisa não for difícil,
  volto e julgo esse desquite.
  Mas se tudo se complica,
  vou dar parte de doente
  e passo o cargo ao suplente.
  Ele, que ainda não tem
  nó na tripa, que resolva.

(Sai. Severino esconde-se. Entram Ivo e Júlia. Ele de toga, ela de encarnado.)

JÚLIA
  Viu, Doutor? Aquela quenga
  desgraçada está na esquina!

IVO
  Quem?

JÚLIA
    Carmelita. Na certa
  soube que é hoje a audiência
  em que se tenta o acordo
  pra não haver o desquite.
  É por isso que está ali.

IVO
  Mas, Dona Júlia, se acalme.

JÚLIA
  Essa foi a catarina
  que me roubou o marido.
  É a causa do desquite.
  Sabe do que mais, doutor?
  Vou acabar com moleza
  e dar umas tapas nela.

IVO
  Dona Júlia, use a lógica.
  A coisa mais alta e nobre
  que o homem tem é a lógica.
  Se todos usassem lógica,
  o mundo seria outro.
  A senhora dá as tapas:
  pode tirar sangue nela.
  Diz o Código Penal
  que isso é crime. Quem se lasca?

JÚLIA
  Cadê o Código?

IVO
            Aqui,
  olhe.

JÚLIA
  Me dê. Está bom.
  É duro, grosso e pesado.
  Vou jogar na cara dela.

IVO
  Meu Deus, meu Deus! D. Júlia,
  eu não já provei, por lógica,
  que isso é uma coisa impossível?

JÚLIA
  É impossível, mas eu quero!

IVO
  Isso é rixa e essa briga
  prejudica seu desquite.
  Pense um pouco, use a cabeça.
  Quer fazer esse desquite?

JÚLIA
  Quero! Meu marido é um peste!

IVO
  Então sente aí e deixe
  que eu oriente seu caso.
  A desmoralização

dessa dama Carmelita
fica para outra vez.
Vou obrigá-la a vir cá
depor como testemunha.
Faço-lhe algumas perguntas,
ela me vai respondendo,
se irrita, se zanga, diz
o que quer e o que não quer,
fica desmoralizada.

JÚLIA
E quando é que vai ser
essa audiência?

IVO
              Assim
que fizermos a de hoje.

JÚLIA
Doutor, o senhor garante
que cita essa catarina?

IVO
Isso garanto. A questão
é a senhora pagar.
A senhora me pagando,
eu cito até o Diabo.

JÚLIA
Fico muito satisfeita
que o senhor me diga isso,
porque era mesmo o Diabo

que eu ia pedir agora
para o senhor me citar.

IVO
Oxente!

JÚLIA
      Oxente por quê?
O senhor não disse que
depende do pagamento?
Pois eu digo: o pagamento
também só depende disso.
Ou o senhor cita o Diabo
ou eu não lhe pago nada.

IVO
E como diabo é que eu posso
citar quem nunca existiu?
Dona, o Diabo não existe.

JÚLIA
Não existe o quê? Como é
que não existe se todo
mundo sabe que ele berra
e que aparece às pessoas?

IVO
Dona Júlia, isso é conversa
que os católicos inventam
para intimidar o povo
e assim terem prestígio.

JÚLIA
   Tenha vergonha, Doutor!
   O senhor é ateu?

IVO
           Sou.
   Eu não já disse à senhora
   que meu Deus é minha lógica?
   Como é que posso aceitar
   a existência do Diabo,
   que é a coisa mais sem lógica
   que existe neste mundo?

JÚLIA
   Ah, quer dizer que ele existe!
   Pode ser disparatado,
   mas que existe, isso existe!

IVO
   Nada disso. Foi um modo
   de falar. Eu sou ateu.

JÚLIA
   Pois seja ateu ou não seja,
   hoje o senhor cita o Diabo.

IVO
   Cuidado, o juiz!

JÚLIA
          Cuidado?
   Cuidado por quê, se é ele
   quem vai fazer o que eu quero?

O senhor vai requerer,
mas ele é quem cita o Diabo.

*(Orlando entra tateando e Severino, sem que
ninguém o note, sai do esconderijo.)*

Não tem nada de cuidado.
Doutor Orlando, bom dia!

ORLANDO
A donzela de encarnado.

JÚLIA
Como é?

ORLANDO
Eu não já disse
Que a senhora me esperasse?
Fique perto da janela.
É ela, está de encarnado!
Me diga mesmo: a senhora
não é a mulher do porco?

JÚLIA
Sou. O senhor tem razão.
Manuel é um porco mesmo.

IVO
Doutor Orlando!

ORLANDO
De preto?
É o caixão! Pedro Cego,

siga em paz o seu caminho
para a última morada.

SEVERINO
Seu juiz, é o Doutor Ivo.

ORLANDO
E onde está o defunto?

IVO
Que defunto?

ORLANDO
Oi, roubaram?
Não tem um defunto solto
aí pela sala não,
Ivo?

IVO
Ai, tem! Que diabo é isso?

JÚLIA
É Pedro Cego: esticou
a canela. Não havia
quem fizesse o enterro dele,
eu mandei trazer pra cá.

IVO
Vote! No foro?

ORLANDO
E onde é
que está a mulher do porco?

JÚLIA
   Aqui!

ORLANDO
      O porco quebrou
   sua cristaleira?

JÚLIA
            Nada
   disso! Era o que faltava!
   E ele é homem para isso?
   Quebro aquela cara cínica!
   Era o que faltava! Além
   de largar a minha casa,
   ainda quebrar os móveis!
   Ele não vai mais em casa!
   Desde ontem que está no mundo.
   Mas ele me paga essa!
   Doutor, vim só lhe dizer:
   nada de conciliar.
   Me desquite agora mesmo
   daquele porco safado!

ORLANDO
   De quem?

JÚLIA
         Do porco safado!

ORLANDO
   Que negócio é esse, oxente!
   Quer se desquitar do porco?

JÚLIA
Quero, não está na lei?
Não sou casada com ele?

ORLANDO
Com o porco, minha senhora?

JÚLIA
É.

ORLANDO
Mas me diga uma coisa:
é do porco dessa tal
catarina Carmelita
que a senhora está falando?

JÚLIA
É.

ORLANDO
Tenho ouvido no mundo
muita história atrapalhada,
mas como esta agora, nunca!

SEVERINO
Doutor, a mulher é outra.

ORLANDO
Espere, e quantas mulheres
de porco tem aqui?

(Adélia aparece.)

SEVERINO
                    Duas.

ORLANDO
Todas duas de encarnado?

SEVERINO
Todas duas de encarnado.

ORLANDO
A confusão vai ser grande!
Espere. Onde está a mulher
de encarnado do primeiro
porco?

ADÉLIA
Sou eu, estou aqui.

ORLANDO
A senhora fique ali.
Cadê seu porco?

ADÉLIA
Está aqui.

ORLANDO
O porco é de Carmelita?

ADÉLIA
Era, agora é meu.

ORLANDO
Espere,
é o que vou ver. Muito bem!
Onde está a outra?

JÚLIA
>Aqui.

ORLANDO
O porco é seu?

JÚLIA
>Era meu,
agora é de Carmelita.

ORLANDO
Então, por que tanta briga?
Não tem problema nenhum:
entendo que Carmelita
perdeu um porco por cá,
recebeu outro por lá!

JÚLIA
Acontece que esse porco
que ela recebeu por lá
é meu marido!

SEVERINO
>Essa aí
é Dona Júlia, Doutor,
que veio para a audiência.
Não quer mais conciliar!
Diz que a tal da Carmelita
roubou o marido dela,
que ele abandonou a casa
ontem.

ORLANDO
    Ah, é Dona Júlia!
Dona Júlia, como vai?

JÚLIA
Mal, muito mal! E o senhor?

ORLANDO
Vou como a senhora sabe.

JÚLIA
Eu comecei meu desquite,
mas Frei Roque se meteu.
Disse que tem esperança
de salvar meu casamento.
Disse que ia procurar
meu marido para obter
que ele deixasse de vez
essa mulher desgraçada.
Mas foi pior: meu marido,
até ontem, pelo menos,
não tinha deixado a casa.
Com a interferência do frade
parece que resolveu
fugir com a catarina,
porque Manuel desde ontem
que não pisa lá em casa.
Acho que foi para Patos,
porque ninguém sabe dele.
Mas conto com o senhor,
meu caro Doutor Orlando,
para resolver o caso
a favor de sua amiga.

ORLANDO
 Lá vem a desordem, Biu!
 Olhe, Dona Júlia, eu tenho
 que resolver o seu caso
 dentro da lei.

JÚLIA
                Ah, é assim?
 Pois, assim, então resolva
 seus apertos, seus trancados,
 de acordo com a lei também!
 De hoje em diante, Doutor,
 não conte com a garrafada.
 Se o senhor quer bancar anjo,
 vai virar anjo também:
 mais nada, entendeu, Doutor?
 Por nenhuma extremidade!

ORLANDO
 Eu não disse que este caso
 ia acabar em desordem?
 O que é que a senhora
 quer que eu faça, Dona Júlia?

JÚLIA
 Era o que eu estava dizendo
 aqui ao Doutor Beltrão,
 mas quando ia explicar tudo
 sua chegada interrompeu.

SEVERINO
 Vai-se interromper de novo,
 Dona, porque seu marido

vem chegando com Frei Roque!

JÚLIA
É possível? Doutor Ivo,
Doutor Ivo, me segure,
senão dou em Manuel Souza.

(Entram Manuel Souza e Frei Roque. Manuel é homem bonachão. Acha graça na esposa, gosta dela a seu modo, mas não pode ver mulher. Não quer se desquitar, mas também não quer deixar Carmelita. Frei Roque fala com sotaque estrangeiro, é um frade brabo, virtuoso e pitoresco.)

IVO
Dona Júlia, se acalme! Ai!

FREI ROQUE
(Protegendo Manuel.)
O que é isso, Dona Júlia?

JÚLIA
O que é isso? O que é isso, é
que eu quero dar nesse peste
e vai ser agora mesmo!

IVO
Isso pode atrapalhar
seu direito no desquite.
Use a lógica, Dona Júlia!

ORLANDO
Olha a conciliação!
Isso aqui é uma audiência

para conciliação!

JÚLIA
Conciliação uma ova!
Hoje, aqui nessa porqueira,
não se concilia nada.
Doutor, me desquite aí logo!

ORLANDO
Mas Dona Júlia...

MANUEL
          Mas, Júlia,
por que essa raiva toda?

JÚLIA
Você ainda pergunta,
desgraçado sem-vergonha?
Você que largou a casa?

MANUEL
Eu?

JÚLIA
   Você que combinou
com aquela desgraçada
para ficar por ali,
esperando por você,
pra me desmoralizar?

MANUEL
Eu?

JÚLIA
　　Sim, você que procura
　　me humilhar a cada instante?

MANUEL
　　Eu?

JÚLIA
　　Sim, você, bicho ruim!

MANUEL
　　Eu nunca quis humilhá-la!
　　Que conversa mais danada!

JÚLIA
　　E aquilo que você disse?

MANUEL
　　Júlia, aquilo foi brincando!

JÚLIA
　　Ah, foi brincando! O senhor
　　é testemunha, Doutor,
　　pra me dizer se aquilo é
　　brincadeira que se tire!
　　É brincadeira? Está vendo?
　　O juiz disse que não!

ORLANDO
　　Eu não disse nada!

JÚLIA
              Pois
devia dizer, Doutor.
O senhor não é juiz?
Ô Doutor, sabe o que mais?
Me desquite aí depressa!
Desquite, senão dou fim
na receita do clister
e o senhor é quem se lasca.

ORLANDO
Que brincadeira foi essa?

MANUEL
Eu conto, Doutor Orlando.
Minha mulher é uma santa,
mas tem esse gênio duro,
destampado e rezinguento
que o senhor conhece bem.

JÚLIA
Rezinguenta é sua mãe.

MANUEL
(Conciliador.)
Também era, também era.
Pois bem: o senhor conhece
Inácio da Marcação?

ORLANDO
Conheço.

MANUEL
>Ele era casado
com uma mulher velha e feia.

FREI ROQUE
Estava velha e era feia,
mas era a caseira dele,
e era com essa que ele
tinha de ficar ali
na indissolubilidade!
Inácio não tinha nada
de arranjar uma catarina.

MANUEL
Mas foi o que ele arranjou.
Há uns três meses atrás
a mulher dele morreu.
Ele deixou passar tempo
pra que a defunta esfriasse
e casou com a catarina.
Pronto, foi essa a história
que eu contei lá em casa.

JÚLIA
Pronto, foi essa a história
não! Conte o resto ao juiz.
Minha raiva foi do resto.

MANUEL
O resto foi brincadeira!

JÚLIA
Brincadeira uma tamanca!

ORLANDO
　　Conte. Eu preciso saber
　　para julgar com acerto.

MANUEL
　　Foi besteira, seu Doutor!
　　Com esta seca em que estamos,
　　todo mundo, aqui, está
　　fazendo negócio ruim.
　　Então eu cheguei em casa,
　　contei a história de Inácio
　　e depois disse, brincando:
　　"Foi a única pessoa
　　que, este ano, fez bom negócio.
　　Trocou a caseira velha
　　e feia na catarina
　　bonita e nova e só deu,
　　de volta, uma catacumba."

JÚLIA
　　Cachorro! Peste safado!
　　Foi para dizer a mim
　　que queria que eu morresse
　　pra ele casar com ela!
　　Eu mato esse miserável!
　　Dou-lhe de pau! Quer saber
　　do que mais, Doutor Orlando?
　　Me desquite logo aí!

ORLANDO
　　Dona Júlia!

IVO
>   Doutor Juiz,
requeiro a Vossa Excelência
que mande tomar por termo
os motivos aqui ditos
que minha constituinte
tem pra pedir o desquite.

FREI ROQUE
> Ninguém tem motivo algum
pra pedir desquite a alguém!
O negócio tem que ser
na indissolubilidade.

IVO
> O senhor, Frei Roque, é bem
contra o divórcio, não é?

FREI ROQUE
> Contra esse, nem se fala!
Eu sou é contra desquite!

IVO
> Isso é obscurantismo
da Igreja Católica!

FREI ROQUE
>   É?
E a mãe, era obscurantista?

IVO
> Como é?

FREI ROQUE
         Estou perguntando
se o senhor preferia
ter uma mãe obscurantista,
ali, certa, bem-casada,
na indissolubilidade,
ou ter a mãe catarina,
progressista e desquitada?
Hein? Hum? Diga, Doutor Ivo!

IVO
  Nada disso vem ao caso.
  Doutor Orlando, requeiro
  que o senhor mande anotar.
  Primeiro, essas picuinhas
  que denotam crueldade
  mental e foram tornando
  a vida deste casal
  impossível. Vem, depois,
  essa vida irregular,
  notória em toda a cidade,
  com essa mulher Carmelita.
  E, finalmente, o abandono
  do lar desde o dia de ontem.

JÚLIA
  Ah, isso aí, seu Manuel,
  eu não posso suportar.
  O resto todo, inda ia.
  A gente fica com raiva,
  se zanga, se dana, briga,
  mas isso de ser largada
  desmoraliza a mulher.

Perguntam: "Quem é aquela?"
E os outros respondem logo:
"É a parteira, Dona Júlia,
largada pelo marido!"
Foi isso que me fez raiva!
Era isso que eu estava
dizendo ao Doutor Orlando
quando esse peste chegou.
Eu fiquei com tanta raiva,
doutor Orlando, que fiz
um negócio com o Diabo!

FREI ROQUE
Minha filha, o que é isso?
Você é ateu, é?

JÚLIA
      Nada!
Que nada de ateu, Frei Roque!
Eu não sei que Deus existe?
Quem fez o mundo? Se Deus
não existisse, este mundo
era todo um disparate!
Sou do partido de Deus!
Mas, o que eu queria, ontem,
só arranjava com o Diabo!
Então, quando foi de noite,
fiz um negócio com ele!

ORLANDO
Eu bem que estava prevendo:
vem desordem por aí.

JÚLIA
   Não tem nada de desordem.
   O senhor não é cristão?

ORLANDO
   Sou sim, mas aqui, agora,
   sou juiz e a lei não tem
   nada a ver com isso!

FREI ROQUE
                    Ah, tem!
   Ora não tem! Inda mais
   o laicismo desse herege!
   E a senhora, Dona Júlia?
   Perdeu a vergonha, foi?
   Fazer negócio com o Diabo?
   Que foi que a senhora fez?

JÚLIA
   Fiz um contrato para o Diabo
   carregar esse nojento.
   Esperei por meu marido
   pra almoçar; ele não veio.
   Esperei a tarde inteira
   com a cara pegando fogo.
   No jantar, nada do porco.
   De noite, nada. Então, vi
   que era uma mulher largada.
   Quando chegou meia-noite,
   fiz um negócio com o Diabo.
   Eu lhe dava minha alma,
   contanto que hoje, bem cedo,
   ele trouxesse Manuel

e depois o carregasse
abraçado a Carmelita,
todos dois para o inferno,
devagar, na minha vista,
gritando, os dois, para eu ver.
Como ele não carregou,
quero que o Doutor Orlando
mande intimar o Diabo
pra vir aqui, se explicar!

ORLANDO
Eu não disse que isso ia
dar em desordem? Quem já
viu se intimar o Diabo?

JÚLIA
O senhor, ou cita o Diabo,
ou se entope e é de vez!

ORLANDO
Dona Júlia, que maldade!

JÚLIA
É isso mesmo e acabou-se!

ORLANDO
Não houve nenhum pedido,
um requerimento em termos!

JÚLIA
Por isso, não! Doutor Ivo,
me faça o requerimento!

IVO
   Dona Júlia, use a lógica:
   tudo isso é disparate.
   Eu posso lá requerer
   um disparate desse?

JÚLIA
   Ah, é assim? Pois não lhe pago
   nem um tostão!

IVO
                    O juiz
   recusa essa petição!

JÚLIA
   Se ele recusar, eu passo
   a chave nele, de vez!

IVO
   (Embaraçado.) Doutor Orlando...

ORLANDO
                         Doutor...

IVO
   Vou requerer. O senhor
   decida como quiser.
   Passo essa batata quente
   às mãos de quem tem poder.

ORLANDO
   O azar é meu. Se, ao menos,
   fosse batata de purga...
   Seja como Deus quiser!

IVO

"Ilustríssimo Senhor
Doutor Juiz de Direito
desta comarca perdida,
competente neste pleito:
Júlia Torres Vilar Souza,
aqui domiciliada,
boa e famosa parteira,
clisterzeira diplomada,
casada já de alguns anos,
brasileira desbocada,
requer a Vossa Excelência
que mande citar o Diabo,
pra que ele venha a juízo.
A seu tempo provará
que fez com ele um negócio
e, como não se cumprisse
o que lhe tinha pedido
em troca de sua alma,
quer prender esse bandido.
Que mandem citar o Diabo,
seja na terra ou no inferno,
no fogo do vento seco,
nas asas do pensamento.
Termos em que, com respeito,
se pede deferimento.
Taperoá, vinte e quatro
de agosto, dia do Diabo.
Taperoá, terra seca,
de outro nome, Batalhão,
terra de pedra e de bode,
de gado, cobra e algodão.
Por seu bastante advogado,

procurador assinado,
Ivo Caxexa Beltrão."

ORLANDO
"O Doutor Orlando Sapo,
Doutor Juiz de Direito,
desta comarca famosa
de Taperoá chamada,
Batalhão apelidada,
e de acordo com a lei,
et coetera, et coetera!
Certifico a todo mundo
do céu, da terra, do inferno,
que, atendendo ao requerido
da Sra. Júlia Souza,
clisterzeira diplomada,
ordeno, a qualquer dos dois
oficiais de justiça
que assistem nesta comarca,
que façam citar o Diabo.
Que venha aqui. Compareça
à audiência iniciada
sob as penas que a lei manda."
Tome, leve, Severino!
Que desordem mais danada!

SEVERINO
Pois sim! O Diabo citado!
Quem diria uma coisa dessa?
Mas era o único jeito
de atender à encomenda,
fazendo o Diabo da peça!

*(Vai saindo com o mandado, batendo uma campa e
repetindo as primeiras palavras da última fala
de Orlando. De repente, para, no limiar, assombrado.)*

    Danou-se que agora vai
    haver tapa aqui!

ORLANDO
    (Persignando-se.)
                      É o Diabo?

SEVERINO
    Antes fosse. É Carmelita!
    Vem de navalha na mão!

*(Corre. Entra Carmelita, com uma navalha na mão.
O pânico é geral. Só Frei Roque fica no meio da
sala, absolutamente calmo, de mãos nos quadris.
Ele se aproxima de Carmelita.)*

CARMELITA
    Frei Roque, não venha não
    que eu corto! Mesmo o senhor!

FREI ROQUE
    Deixe de brabeza, filha,
    e me dê essa navalha.
    Hein? Hum? Que é isso? Dê cá.
    Sim, assim, hein? Obrigado!

*(Manuel, não contendo o entusiasmo, não vê que
está perto de Júlia e fala com ela.)*

MANUEL
   Mas ela é muito bonita!
   É formidável, não é?

JÚLIA
   O quê, desgraçado?

FREI ROQUE
                  Calma!
   Acabem com confusão,
   senão tomo uma providência!
   Estou ficando cansado
   dessas brabezas daqui!
   Parem, antes que eu me zangue!
   Carmelita, que negócio
   é esse de entrar aqui
   com esta navalha?

CARMELITA
                  É meu porco!

ADÉLIA
   Seu, não, meu! Você me paga
   o vidro da cristaleira?

CARMELITA
   Não!

ADÉLIA
      Então o porco é meu!

FREI ROQUE
É mesmo! É dela e acabou-se.
Quem deu prejuízo, paga!

JÚLIA
E meu marido? Como é?

FREI ROQUE
Carmelita, o que foi isso?
Você tinha prometido
a mim que não se metia
para o lado dos casados.
Você não me prometeu?

CARMELITA
Prometi.

FREI ROQUE
    Ao menos isso
me lembro que prometeu.
E como é que agora quer
tomar Manuel da mulher?

CARMELITA
Não sou eu que quero não,
é ele!

FREI ROQUE
    E por que você
não dá logo o fora nele?

CARMELITA
    Não, Frei Roque, assim também...
Ele é tão entusiasmado!
Um dia, eu estava em casa,
perto ali do corredor
que leva para meu quarto,
não sabe onde é, Ivo?

IVO
                      Eu?
Eu não!

CARMELITA
       Manuel passou,
debruçou-se na janela
e disse: "É muito bonita!"

JÚLIA
    Ah, safado!

CARMELITA
          Eu nem liguei!
No outro dia, lá estava
ele de novo na porta,
todo cheio de manejos,
com aquele entusiasmo...
Assim, não há quem resista!
Meu emprego não é esse?

JÚLIA
    Ah, é, não é? Pois agora
a senhora se arrepende!
Está tudo muito bem.

Você é nova e bonita,
eu já estou velha e estou feia.
Você não trabalha em nada,
eu trabalho de parteira.
A senhora é a catarina,
eu não passo da caseira.
Mas apareceu um fato
com que você não contava.
Eu vendi minha alma ao Diabo,
o juiz mandou citá-lo
e ele aparece aqui já!

CARMELITA
  Pra quê?

JÚLIA
        Para carregar
você e aquele safado!

CARMELITA
  O Diabo não vem!

JÚLIA
              Ah, vem!

IVO
  Vem nada! Ô Dona Júlia,
  por que não vai pela lógica?

JÚLIA
  Pela lógica uma pinoia!
  Se fosse pra ir por lógica,

meu marido me largava
mesmo, que eu estou velha e feia!

MANUEL
Mas, Júlia, que besteira, essa!
Você não tem nada, nada
de velha e feia!

JÚLIA
          Desaba!
Vá pra lá, safado ruim!
Olhando o mundo com lógica,
tudo vira disparate!
Agora, se eu deixo a lógica
e sigo meu disparate,
então fica tudo claro!
Eu sou de Deus!

CARMELITA
          Se a senhora
é de Deus, por que é que chama
o Diabo pra carregar
quem também foi sempre dele?

JÚLIA
Foi você quem me meteu
nessa encrenca, desgraçada!
Pode ser que eu me desgrace,
mas vocês dois vão também!
E vai ser aqui, agora!
O Diabo já vem chegando
e vai carregar vocês!

ORLANDO
    Meu Deus, meu Deus! Que desordem!

JÚLIA
    Pois seja ordem ou desordem,
    seja disparate ou lógica,
    já comecei, vou ao fim!
    Demônio! Pai da mentira,
    dragão cego e peçonhento,
    cobra cruel e maligna!
    Venha, e em troca da minha alma,
    execute o que pedi!

(A luz baixa. Trovões e raios. Severino entra, disfarçado de Diabo. Frei Roque é o primeiro a correr, trepando-se num móvel.)

FREI ROQUE
    Valha-me Nossa Senhora!
    São Francisco! São Francisco!

(Todos correm, menos Ivo e o Doutor Orlando.)

ORLANDO
    Que foi isso? Que barulho!
    Um vulto escuro! É o caixão!

FREI ROQUE
    Caixão que nada, é o Diabo!

ORLANDO
    Ai!

IVO
    Amigos, usem a lógica!
É uma alucinação!

FREI ROQUE
    De que jeito, se eu estou vendo?

ORLANDO
    Eu também, olha ele ali!
    (Aponta o lado contrário.)

IVO
    Se é por isso, eu também
    estou vendo o Diabo ali!
    Mas é alucinação!
    É sugestão coletiva,
    causada pelas palavras
    que Dona Júlia gritou!
    Se o Diabo não existe,
    como pode aparecer?

SEVERINO
    Não existe? Não existe
    o quê, seu cabra safado!
    Vou lhe mostrar como existo,
    ressuscitando esse morto!

MANUEL
    Meu Deus, estou desgraçado!

SEVERINO
    Pedro Cego, sou o Diabo!
    Levante-se do caixão!

Pelas forças infernais!
Venham, demônios sangrentos!
Que sopre o fogo do inferno!
Juntem-se as carnes defuntas,
os ossos apodrecidos,
e levantem Pedro Cego
do caixão em que descansa!

*(Novos raios. A luz baixa. No caixão, Pedro Cego
se soergue, se possível com uma lanterninha
acesa na boca fechada, para parecer mais com fantasma.)*

IVO
(Ajoelhando-se.)
Valha-me Nossa Senhora!
Meu Deus, tenha compaixão
deste pobre pecador!

SEVERINO
Saia! Saia, Pedro Cego,
vá sentar-se em seu lugar!

IVO
Ai! Meu Deus!
(Corre para junto dos outros.)

ORLANDO
           Que foi? É o porco?

MANUEL
Porco que nada, é o Diabo!
Ressuscitou Pedro Cego!

CARMELITA
Valha-me Deus!

ADÉLIA
　　　　　Meu Jesus!

FREI ROQUE
São Francisco!

IVO
　　　　　São Francisco!

JÚLIA
Diabo safado, por que
não carregou meu marido?

SEVERINO
Porque não pude!

JÚLIA
　　　　　Não pôde?
Que Diabo safado é esse?

SEVERINO
Quando foi que a senhora
me encarregou de levá-lo?

JÚLIA
Foi ontem, à meia-noite!

SEVERINO
Acontece que ele estava
em confissão, com Frei Roque.

Por isso, não tive força
pra levá-lo para o inferno!

JÚLIA

Ele estava com Frei Roque?
Que história é essa, Manuel?
Você não me deixou, ontem,
pra viver com essa catraia?

MANUEL

Mas, Júlia, que violência!
Não está vendo que eu não ia
largar uma mulher tão boa?

JÚLIA

E por que foi que você
não foi dormir lá em casa?

MANUEL

Está aí Frei Roque de prova!
Estava me confessando.

JÚLIA

Quem já viu uma confissão
entrar pela noite adentro
e seguir pelo outro dia?

MANUEL

Chegou-se num certo ponto
em que nós dois não pudemos
fazer acordo.

JÚLIA
>Que foi?

MANUEL
Digo, Frei Roque?

FREI ROQUE
>Sei lá!
Se quiser, diga! Eu não posso!

MANUEL
Frei Roque só concordava
em me dar absolvição
se eu largasse Carmelita.
E eu podia lá deixá-la!

CARMELITA
(Cariciosa.)
Esse Manuel! Obrigada!

JÚLIA
Peste! Canalha! E o Diabo?
Que é que me diz disso tudo?

SEVERINO
Digo que vim cá buscá-la!
Você me deu sua alma:
foi isso que vim buscar!

CARMELITA
Boa, seu Diabo! Essa Júlia
queria me desgraçar,
ela é quem vai pra o inferno.

Eu me caso com Manuel.
Você me dá uma casa?

MANUEL
Você se zanga comigo,
Júlia, mas que ela é bonita,
isso é! É formidável!

SEVERINO
Sim, mas chegue, Dona Júlia!
Com o Diabo, invocou, trocou;
e, se prometeu, pagou.
Venha para o inferno!

(Agarra-a.)

JÚLIA
                    Ai, ai!
Seu Diabo, faço um acordo!

SEVERINO
Qual é?

JÚLIA
        Me deixe e carregue
Doutor Orlando! Foi ele
quem fez sua citação!

SEVERINO
Foi ele quem me citou,
mas foi você, Dona Júlia,
quem fez o requerimento.
Eu vou pela lei: contrato

é contrato e a senhora
me prometeu sua alma!

IVO

(Aproximando-se.)
Como é? Então o senhor
não pede mais que justiça?

SEVERINO

Não peço mais que justiça!
O povo me calunia,
mas todos os meus combates
são feitos pela justiça.

IVO

Quer dizer que o senhor
só quer levar Dona Júlia
pelos termos do contrato!
Esse contrato foi feito
aqui na comarca?

SEVERINO

                Foi.

IVO

O senhor não mora aqui,
mas o Código Civil
ensina no Artigo 12:
"É competente a autoridade
judiciária brasileira
quando for o réu domiciliado
no Brasil ou aqui tiver de
ser cumprida a obrigação."

SEVERINO
   É da lei de Introdução,
   conheço.

IVO
        Aqui tem de ser
   cumprida a obrigação.
   Então o Doutor Orlando,
   magistrado aqui presente,
   é competente no pleito.
   Reconhece?

SEVERINO
           Reconheço.
   Mas acontece, Doutor,
   que o intimado fui eu
   e meu domicílio é outro.

IVO
   O Código de Processo
   Civil já estabelece
   no Artigo cento e quarenta
   e oito, inciso primeiro,
   que "a competência do juiz
   se prorroga quando o réu
   não opuser exceção
   declinatória de foro".
   O senhor opõe?

SEVERINO
           Eu, não.

IVO

    Então, Seu Doutor Diabo,
    Vossa Excelência desculpe,
    mas acaba de entrar
    no meu domínio, o da lógica!

SEVERINO

    Esse é meu campo também.

IVO

    Ah, é? Então estou em casa.
    Vai ser um lanche perfeito!
    Vamos por partes! Você
    precisa de um defensor.
    Tem dinheiro?

SEVERINO

               Não, mas posso
    aqui, num passe de mágica,
    conseguir o que quiser.

IVO

    Dinheiro falso! Isso é crime.
    Vá anotando, Doutor.
    Eu digo é dinheiro mesmo,
    do Tesouro do Brasil.

SEVERINO

    Desse, não tenho um tostão.

IVO

    Tem que ser por assistência.
    Indique seu defensor

para o juiz nomear.
Quem escolhe?

SEVERINO
                Belzebu!

IVO
  Não está matriculado
  na Ordem dos Advogados.
  Doutor, nomeie Frei Roque!

FREI ROQUE
  Eu? Não! Também não estou
  matriculado na Ordem.

IVO
  A lei de Assistência indica:
  na falta de advogado
  pode ser qualquer pessoa.

SEVERINO
  Se é assim, Belzebu pode!

IVO
  Eu disse: "qualquer pessoa".
  Vamos por lógica: o Código
  diz lá no artigo quarto:
  "A personalidade civil
  do homem começa do
  nascimento com a vida".
  Belzebu já teve mãe?

SEVERINO
Não.

IVO
Então não é pessoa!
Não pode: é assombração.
Nomeie Frei Roque, Doutor.

FREI ROQUE
Era o que faltava! Um filho
de São Francisco acabar
como advogado do Diabo!
Não aceito! E se aceitasse
era pra ser promotor!

IVO
Então nomeie Pedro Cego,
que deve um favor ao Diabo.

ORLANDO
Você aceita, seu Diabo?

SEVERINO
Aceito, sim. Meu direito
é tão bom que não preciso
de nenhum advogado!

ORLANDO
Então está nomeado:
Pedro Cego é o defensor.

IVO
Vamos então pela lógica.

Quer dizer que o senhor acha
que minha constituinte
contraiu uma obrigação...

SEVERINO
Acho! Ela me prometeu
a alma.

IVO
Foi um contrato?

SEVERINO
Não houve contrato escrito,
mas que ela jurou, jurou!

IVO
O Código Civil ensina:
"Artigo 1.079: A manifestação
da vontade nos contratos
pode ser tácita quando a lei
não exigir que seja expressa."
Concorda, Pedro? Concorda!

SEVERINO
Eu, por mim, também concordo!
Nosso contrato foi tácito.

IVO
Muito bem, gostei de ver!
O senhor vai pela lógica!

SEVERINO
Não lhe disse?

IVO
>Pois então,
caro Doutor Satanás,
vamos de novo pra o Código.
"Artigo 1.079: Nos contratos
bilaterais, nenhum dos contraentes
antes de cumprir sua obrigação
pode exigir o implemento"...
Que belo nome, *implemento*!
..."o implemento da do outro."
Concorda, Pedro? Concorda!
O senhor não carregou
a catarina e Manuel:
não pode exigir, portanto,
que minha constituinte
lhe entregue a alma de graça!
Seu defensor, Pedro Cego,
como homem inteligente,
continua a concordar!
(Para Orlando.)
Doutor, tendo apresentado
as razões, e o defensor
da outra parte concordado,
peço que julgue a favor
da minha constituinte.

ORLANDO
>Deferido! O Doutor Diabo
não pode mais carregá-la,
pois não cumpriu sua parte
no contrato que firmou.

SEVERINO
　Ah, é assim, não é? Bem,
　se não pode ir a cliente,
　carrego o advogado!

IVO
　Não fiz contrato nenhum!

FREI ROQUE
　Mas vai somente por causa
　do ateísmo, sem-vergonha!

SEVERINO
　O senhor agora vai
　ver para que serve a lógica!
　(Agarra-o.)

IVO
　Minha Nossa Senhora! Eu,
　levado para o inferno!
　Já viu coisa mais sem lógica?
　Doutor Frei Roque, me acuda,
　pelo amor de São Francisco!

JÚLIA
　Frei Roque, se compadeça
　de Doutor Ivo, tão magro,
　tão miúdo e amarelo!

FREI ROQUE
　Um ateu!

IVO
    Eu me arrependo!

FREI ROQUE
Ah, então acudo! Diga:
"Renuncio ao ateísmo!"
IVO
Renuncio ao ateísmo!

FREI ROQUE
"Cristo era o filho de Deus!"

IVO
Cristo era o filho de Deus!
Homem, deixe de ser ruim!
Venha, senão não dá tempo!

FREI ROQUE
Dá tempo, dá! Diga mais:
"Renuncio a Satanás!"

IVO
Isso é que é falta de lógica!
É claro que eu renuncio!
Satanás é quem não quer
renunciar a mim! Ai!

FREI ROQUE
Isso é comigo!

(Salta do lugar onde está, com uma cruz na mão, e pronuncia palavras em latim. O Diabo solta Ivo e vai recuando.)

SEVERINO
          Frei Roque,
  então deixe eu carregar
  Manuel Souza.

FREI ROQUE
          Concedido!

MANUEL
  Eu estou em confissão!

FREI ROQUE
  Eu encerro a confissão.

SEVERINO
  Venha já!

MANUEL
          Doutor Frei Roque,
  me acuda! Eu peço por Deus!

FREI ROQUE
  Renuncia a Carmelita?

MANUEL
  Carmelita, adeus! Adeus,
  mulher extraordinária!
  Que dura lei! Dar adeus
  a todos esses deleites,
  a essa mata de ouro
  por onde erramos, perdidos,
  com a lembrança da cobra,
  de outros bichos esquisitos

e de frutos sumarentos!
Adeus, meu anjo! Está pronto!
Renuncio, sim, senhor!

FREI ROQUE
Para sempre?

MANUEL
         Para sempre!
Ai, Frei Roque, lá vou eu!

FREI ROQUE
Vou já na fachada dele!

(Mesma cena.)

SEVERINO
Ô, Frei Roque, se é assim,
se perdi o advogado,
a caseira e o marido,
então deixe pelo menos
eu levar a catarina!
Quero essa mulher notável
só para mim, lá no inferno!

CARMELITA
Oxente, seu Diabo! Deixe
de ser tarado! É assim?

SEVERINO
Eu quero essa para mim!
Posso levar?

FREI ROQUE
> Leve, leve!

(Severino agarra Carmelita.)

CARMELITA
Mas, Frei Roque, que maldade!
Ai! Ai! Frei Roque, me acuda!

FREI ROQUE
Você vai deixar Manuel?

CARMELITA
Vou! Me livre, enquanto é tempo!

FREI ROQUE
Então está ganha a partida!
Fora daqui, Diabo besta,
Diabo de meia-tigela!
Fora, fora, fora, fora!
(Tira o cordão da cintura e dá uma pisa no Diabo, que dá um estouro e sai.)
Muito bem: com São Francisco
a vitória foi completa.

ORLANDO
Nunca vi maior desordem!

FREI ROQUE
Desordem por quê, Doutor?
Terminou como devia.
Júlia ganhou o marido,

Manuel ganhou a mulher,
Adélia ganhou seu porco...

CARMELITA
É, mas eu perdi o meu!

ORLANDO
Isso aí, deixe comigo.
A verba que ia ser gasta
no enterro de Pedro Cego
pode pagar o seu porco.

FREI ROQUE
Então está tudo em paz.
Salvamos um casamento
e temos o nosso Ivo
convertido à nossa Igreja.

(Severino volta e fica no limiar.)

IVO
O senhor não tem vergonha
de usar assim o Diabo
para converter os outros
não, Frei Roque?

FREI ROQUE
    Diabo nada!
Aquilo era lá o Diabo!
Aquilo foi artimanha
tramada por Dona Júlia
pra Manuel voltar pra casa!

JÚLIA
   Por mim?

FREI ROQUE
           Dona Júlia, saiba
   que eu não sou menino não!
   Aquele era Severino
   disfarçado de Demônio!
   Que Diabo coisa nenhuma!
   O Diabo é coisa tão séria!
   Aquele era apalhaçado!
   Primeiro, fiquei com medo.
   Mas, quando o vi discutindo,
   chicanando e futucando,
   vi que era ou advogado
   ou oficial de justiça!
   Olhei em volta da sala
   e notei que Severino
   não tinha ainda voltado.
   Aí foi que descobri:
   ele se disfarçou todo,
   mas se esqueceu de trocar
   a alpercata de rabicho!

ORLANDO
   Por que não nos avisou?

FREI ROQUE
   Resolvi aproveitar
   pra salvar o casamento
   de Manuel e Dona Júlia
   e converter Doutor Ivo.
   Me diga: foi isso mesmo?

JÚLIA
Foi. Sabendo da audiência,
da confissão de Manuel,
da vinda de Carmelita,
dei dinheiro a Severino,
que se saiu muito bem.

IVO
E Pedro Cego?

JÚLIA
Também
recebeu dinheiro, fez-se
de morto e o enterro
saiu lá de minha casa.
Era preciso um milagre,
uma assombração assim,
pra acreditarem no Diabo.

ORLANDO
Essa é a maior desordem
de que já ouvi falar.
Você, Ivo, que me diz?
Mantém sua conversão?

IVO
Sabe do que mais, Doutor?
Mantenho!

ORLANDO
Mesmo depois
de saber que foi embuste?

IVO
Mesmo assim. Eu vou por lógica.
O empecilho maior
que eu tinha para aceitar
as coisas todas de Deus
era a vergonha de ter
de renunciar à lógica.
Acontece que eu agora
já aceitei publicamente,
já passei pela vergonha.
Volte eu atrás ou não,
quem tiver de me gozar
vai gozar de todo jeito.
Então, vou até o fim.
Mesmo que não fosse o Diabo,
já fiz o negócio público.
Entro na tropa de Deus.
Se não existir mesmo nada,
eu também não perco nada.
Se existir, saio ganhando:
é uma questão de lógica.

MANUEL
O mesmo dizemos nós!

FREI ROQUE
Pois desse tipo de lógica
Deus gosta e meu São Francisco
também gosta, que o temor
de Deus é sempre o princípio
de toda a sabedoria.

ORLANDO
> A audiência terminou.
> Vamos para nossas casas.

FREI ROQUE
> Não. Todos vão para a igreja.
> Vão todos se confessar.

CARMELITA
> Eu, com a verba do meu porco.

JÚLIA
> Eu, com o peste do marido,
> com esse bicho miserável
> que não vale mesmo nada!

MANUEL
> Eu, com minha santa Júlia,
> meu tesouro, minha amada!

JÚLIA
> Safado!

MANUEL
> Querida!

FREI ROQUE
> Eu saio
> com um serviço prestado!

IVO
> Eu, convertido e com lógica!

SEVERINO
   Eu e Pedro com o dinheiro
   tão honestamente ganho.
   Pedro concorda? Concorda!

ORLANDO
   Muito bem, todos lucraram.
   Adélia ganhou seu porco,
   a caseira, seu marido,
   a catarina, sua verba.
   Ivo ganhou sua fé,
   Frei Roque ganhou sua alma,
   Severino, seu dinheiro,
   Manuel ganhou a mulher,
   e eu posso continuar
   a tomar o meu clister!

                    PANO

Recife, 19 a 29 de julho de 1961.

Cronologia de Ariano Suassuna

Carlos Newton Júnior

1927

Nascimento de Ariano Vilar Suassuna, a 16 de junho, na cidade da Paraíba (atual João Pessoa), capital do Estado da Paraíba. Oitavo dos nove filhos do casal João Urbano Suassuna e Rita de Cássia Vilar Suassuna, Ariano nasce no Palácio do Governo, pois seu pai exercia, à época, o cargo de presidente da Paraíba, o que equivalia ao atual cargo de governador.

1928

A 22 de outubro, terminado o seu mandato, João Suassuna passa o cargo de presidente a João Pessoa. A família Suassuna volta a seu lugar de origem, o sertão da Paraíba, indo residir na fazenda Acauhan, pertencente a João Suassuna e localizada no atual município de Aparecida.

1929

Iniciam-se, na Paraíba, as dissensões políticas que antecedem a Revolução de 30.

1930

Começa a luta armada na Paraíba. O coronel José Pereira Lima, líder político do município de Princesa e aliado de João Suassuna, declara a independência do seu município, que passa a se chamar Território Livre de Princesa, resistindo às investidas das tropas de João Pessoa. A 26 de julho, o presidente João Pessoa, que se encontrava no Recife, é assassinado por João Dantas. Entre os dias 3 e 4, rebenta a Revolução de 30, na Paraíba. A 6 de outubro, João Dantas é assassinado na Casa de Detenção do Recife. A 9 de outubro, João Suassuna, então deputado federal, que viajara ao Rio de Janeiro para defender-se, junto à Câmara dos Deputados, da injusta acusação de cúmplice no assassinato de João Pessoa, é por sua vez assassinado, aos 44 anos de idade, na Rua do Riachuelo, por um pistoleiro de aluguel, a mando da família Pessoa.

1933

D. Rita, agora chefe da família Suassuna, muda-se para Taperoá, sertão da Paraíba, ficando sob a proteção dos seus irmãos.

1934-1937

Em Taperoá, Ariano Suassuna estuda as primeiras letras, primeiro em casa, depois na escola, com os professores Emídio Diniz e Alice Dias. Assiste, pela primeira vez na vida, a um desafio de viola, uma peleja travada entre os cantadores Antônio Marinho e Antônio Marinheiro. Numa feira, assiste também, pela primeira vez, a uma peça de mamulengo, o tradicional teatro de bonecos do Nordeste. Dona Rita, em dificuldades financeiras, vende a fazenda Acauhan, para custear a educação dos filhos.

1938-1942

Ariano Suassuna faz o curso ginasial no Colégio Americano Batista, no Recife, em regime de internato, passando os períodos de férias escolares em Taperoá. Seus primeiros mestres de literatura são de Taperoá: os tios Manuel Dantas Villar, "meio ateu, republicano e anticlerical", e Joaquim Duarte Dantas, "monarquista e católico". O primeiro lhe indica leituras de Eça de Queiroz, Guerra Junqueiro e Euclydes da Cunha; o segundo, a leitura de *Dom Sebastião*, de Antero de Figueiredo. Muitos dos livros que lê são encontrados na biblioteca deixada por João Suassuna, que foi um grande leitor. Em 1942, a família Suassuna fixa-se no Recife. A 30 de novembro de 1942, Ariano discursa como Orador da Turma na solenidade de encerramento do curso ginasial.

1943

Estuda no Ginásio Pernambucano (Colégio Estadual de Pernambuco), no Recife. Torna-se amigo, no colégio, de Carlos Alberto de Buarque Borges, que o inicia em música erudita e em pintura.

1945

Estuda no Colégio Oswaldo Cruz, no Recife, tornando-se amigo do pintor Francisco Brennand, seu colega de turma. A 7 de outubro, inicia-se na vida literária, com a publicação do poema "Noturno", no *Jornal do Commercio*, do Recife.

1946

Ingressa na tradicional Faculdade de Direito do Recife. Na Faculdade, junta-se ao grupo que, liderado por Hermilo Borba Filho, retoma, sob nova inspiração teórica, o Teatro do Estudante de Pernambuco (TEP). Torna-se amigo do poeta e tradutor José Laurenio de Melo. Organiza, com o apoio do Diretório Acadêmico de Direito, uma apresentação de cantadores, levada ao palco do Teatro Santa Isabel, no Recife, a 26 de setembro. Dá início à publicação dos seus primeiros poemas ligados ao romanceiro popular nordestino, em periódicos acadêmicos e suplementos de jornais do Recife.

1947

Baseando-se no romanceiro popular nordestino, escreve a sua primeira peça de teatro, *Uma Mulher Vestida de Sol*. A peça, que não é encenada, recebe, no ano seguinte, o prêmio Nicolau Carlos Magno.

1948

Escreve a peça *Cantam as Harpas de Sião*, montada no mesmo ano, pelo TEP, com direção de Hermilo Borba Filho e cenário e figurinos de Aloisio Magalhães. A peça estreia a 18 de setembro, durante a inauguração da "Barraca", palco erguido no Parque Treze de Maio, no Recife, sob inspiração do trabalho de García Lorca. O primeiro ato de *Uma Mulher Vestida de Sol* é publicado na revista *Estudantes*, do Diretório Acadêmico da Faculdade de Direito.

1949

A 6 de março, conclui a peça *Os Homens de Barro*, iniciada no ano anterior.

1950

Escreve a peça *Auto de João da Cruz*, com a qual recebe o prêmio Martins Pena. Forma-se em Direito, pela Faculdade de Direito da Universidade do Recife (atual Universidade Federal de Pernambuco). Adoece de tuberculose, indo para Taperoá, à procura de bom clima para se tratar.

1951

Em Taperoá, para receber sua noiva Zélia e alguns familiares seus que o foram visitar, escreve seu primeiro trabalho ligado ao cômico, uma peça para mamulengo, intitulada *Torturas de um Coração ou Em Boca Fechada não Entra Mosquito*, peça por ele mesmo montada, com acompanhamento musical do "terno de pífanos" de Manuel Campina. Converte-se ao catolicismo. É publicado, pela Livraria-Editora da Casa do Estudante do Brasil, do Rio de Janeiro, *É de Tororó — Maracatu*, primeiro volume da Coleção Danças Pernambucanas, contendo o seu ensaio "Notas sobre a música de Capiba".

1952

De volta ao Recife, trabalha como advogado no escritório do jurista Murilo Guimarães. Escreve a peça *O Arco Desolado*, com a qual participa de concurso organizado pela Comissão do IV Centenário da Cidade de São Paulo.

1953

Escreve *O Castigo da Soberba*, entremez baseado num folheto da literatura de cordel. Assina coluna literária no jornal *Folha da Manhã*, do Recife.

1954

Escreve *O Rico Avarento*, entremez baseado numa peça tradicional do mamulengo nordestino. Ministra curso de teatro no Colégio Estadual de Pernambuco, dirigindo os estudantes numa montagem de *Antígona*, de Sófocles, que ele mesmo traduziu, e cuja estreia se dá a 9 de novembro, no Teatro Santa Isabel, com cenário e roupagens de Aloisio Magalhães. Participa do grupo de artistas, escritores e intelectuais que funda O Gráfico Amador (1954-1961), importante movimento de artes gráficas sediado no Recife.

1955

A 24 de maio, estreia a sua tradução da peça *A Panela*, de Plauto, montada pelo Teatro do Colégio Estadual de Pernambuco, ainda sob sua direção, com cenário e roupagens de Aloisio Magalhães. Escreve a peça *Auto da Compadecida*. Publica o poema *Ode*, em edição de O Gráfico Amador, do Recife.

1956

Estreia, em abril, no núcleo do SESI de Santo Amaro, no Recife, nova montagem de *A Panela*, de Plauto, sob sua direção, agora encenada por um grupo de operários. A 14 de maio, dia do aniversário do Colégio Estadual de Pernambuco, o grupo de teatro do Colégio apresenta, sob sua direção, a peça em ato único *O Processo do Cristo Negro*, que escreve num só dia, e que é, nas suas palavras, "uma espécie de 'facilitação' do terceiro ato do *Auto da Compadecida*". É convidado para ensinar Estética na Universidade do Recife (atual Universidade Federal de Pernambuco) e abandona definitivamente a advocacia. Escreve o seu primeiro romance, *A História do Amor de Fernando e Isaura*, que permanecerá inédito até 1994. A 11 de setembro, o *Auto da Compadecida* estreia no Teatro Santa Isabel, em montagem do Teatro Adolescente do Recife, com direção de Clênio Wanderley e cenário de Aloisio Magalhães. A partir de 12 de setembro, a convite de Mauro Mota, passa a assinar coluna sobre teatro no *Diário de Pernambuco*.

1957

Casa-se, a 19 de janeiro, dia do aniversário de nascimento do seu pai, com a artista plástica Zélia de Andrade Lima. Viaja para o Rio de Janeiro, em lua de mel, e assiste à consagradora apresentação do *Auto da Compadecida* no Primeiro Festival de Amadores Nacionais, promovido pela Fundação Brasileira de Teatro e realizado no mês de janeiro, no Teatro Dulcina. A peça é apresentada no dia 25, pelo mesmo Teatro Adolescente do Recife, dirigido por Clênio Wanderley, e é logo considerada pela melhor crítica do país uma obra-prima, recebendo a Medalha de Ouro do Festival. De 10 de junho a 26 de julho, escreve a peça *O Casamento Suspeitoso*. A 27 de julho, estreia, pelo Teatro Amador Sesiano de Pernambuco, sob sua direção, a peça *As Trapaças de Escapim*, de Molière, que ele próprio traduziu, com figurino assinado por sua irmã, Germana Suassuna, e cenário de Juvêncio Lopes. A 30 de setembro, nasce seu primeiro filho, Joaquim. Em outubro, o *Auto da Compadecida* é publicado pela editora Agir. De 7 a 18 de novembro, escreve a peça *O Santo e a Porca*.

1958

A 6 de janeiro, no Teatro Bela Vista, em São Paulo, estreia a peça *O Casamento Suspeitoso*, em montagem da Companhia Nydia Licia/Sérgio Cardoso, sob direção de Hermilo Borba Filho. Entre janeiro e março, reescreve a sua primeira peça, *Uma Mulher Vestida de Sol*. A peça *O Santo e a Porca* estreia no Teatro Dulcina, no Rio, a 5 de março, em montagem da companhia Teatro Cacilda Becker, sob direção de Ziembinski. De 12 a 13 de maio, reescreve a peça *Cantam as Harpas de Sião*, mudando seu título para *O Desertor de Princesa*. Em junho, encerra sua coluna teatral no *Diário de Pernambuco*. A 21 de julho, no Teatro Santa Isabel, no Recife, é apresentada uma montagem do *Auto de João da Cruz*, pelo Teatro do Estudante da Paraíba, sob a direção de Clênio Wanderley, no âmbito do I Festival Nacional de Teatros de Estudantes. A 4 de outubro, nasce sua filha Maria das Neves.

1959

Escreve a peça *A Pena e a Lei*, a partir do entremez *Torturas de um Coração*, de 1951. Funda, com Hermilo Borba Filho, o Teatro Popular do Nordeste (TPN). O *Auto da Compadecida* é publicado na Polônia, na revista *Dialog*, em tradução de Witold Wojciechowski e Danuta Zmij (*Historia o Milosiernej czyli Testament Psa*).

1960

A Pena e a Lei estreia a 2 de fevereiro, no Teatro do Parque, no Recife, em montagem do TPN, sob direção de Hermilo Borba Filho. A 4 de outubro, nasce seu filho Manuel. Escreve a peça *Farsa da Boa Preguiça*. Forma-se em

Filosofia, pela Universidade Católica de Pernambuco. O *Auto da Compadecida* é publicado em Portugal, na Coleção Teatro no Bolso, impresso na Editora Gráfica Portuguesa, de Lisboa, sem referência ao ano da edição.

1961

A Farsa da Boa Preguiça estreia a 24 de janeiro, no Teatro de Arena do Recife, sob direção de Hermilo Borba Filho, com cenários e figurinos de Francisco Brennand. A peça *O Casamento Suspeitoso* é publicada pela Editora Igarassu, do Recife. Escreve *A Caseira e a Catarina*, peça em um ato.

1962

A 25 de novembro, nasce sua filha Isabel. Publica, na revista *DECA*, do Departamento de Extensão Cultural e Artística da Secretaria de Educação e Cultura de Pernambuco, nº 5, a primeira parte da *Coletânea da Poesia Popular Nordestina: Romances do Ciclo Heroico*.

1963

Publica, na revista *DECA*, nº 6, a segunda parte da *Coletânea da Poesia Popular Nordestina: Romances do Ciclo Heroico*. O *Auto da Compadecida* é publicado nos Estados Unidos, pela editora da Universidade da Califórnia, em tradução de Dillwyn F. Ratcliff (*The Rogues' Trial*).

1964

Publica, na revista *DECA*, nº 7, a terceira e última parte da *Coletânea da Poesia Popular Nordestina: Romances do Ciclo*

Heroico. As peças *Uma Mulher Vestida de Sol* e *O Santo e a Porca* são publicadas pela Imprensa Universitária da Universidade do Recife. A 21 de junho, nasce sua filha Mariana. A 23 de dezembro, deixa o Teatro Popular do Nordeste (TPN).

1965

O *Auto da Compadecida* é publicado na Holanda, pela fundação Ons Leekenspel, de Bussum, em tradução de J. J. van den Besselaar (*Het Testament van de Hond*), e na Espanha, pelas Edições Alfil, de Madrid, em tradução de José María Pemán (*Auto de la Compadecida*).

1966

A peça *O Santo e a Porca* é publicada na Argentina, pelas edições Losange, de Buenos Aires, em tradução de Ana María M. de Piacentino (*El Santo y la Chancha*), junto com a peça *Lisbela e o Prisioneiro*, de Osman Lins, em tradução de Montserrat Mira (*Lisbela y el Prisionero*). De 7 a 30 de março, escreve o romance *O Sedutor do Sertão ou O Grande Golpe da Mulher e da Malvada*, inicialmente pensado como roteiro de cinema. A 10 de junho, nasce sua filha Ana Rita.

1967

Recebe, da Assembleia Legislativa do Estado de Pernambuco, o título de Cidadão de Pernambuco. Por indicação de Rachel de Queiroz, torna-se membro fundador do Conselho Federal de Cultura.

1968

Torna-se membro fundador do Conselho Estadual de Cultura de Pernambuco.

1969

O reitor Murilo Guimarães o nomeia diretor do Departamento de Extensão Cultural (DEC) da Universidade Federal de Pernambuco. Inicia, no DEC, os trabalhos que irão abrir caminho para o lançamento, no ano seguinte, do Movimento Armorial. Estreia o filme *A Compadecida*, do diretor George Jonas, primeira versão cinematográfica da peça *Auto da Compadecida*.

1970

Recebe, a 3 de outubro, da Câmara Municipal de Taperoá, Paraíba, o diploma de Cidadão Taperoaense. A 9 de outubro, data do aniversário da morte de João Suassuna, conclui o *Romance d'A Pedra do Reino e o Príncipe do Sangue do Vai-e-Volta*, que começara a escrever a 19 de julho de 1958, no dia do aniversário de sua esposa Zélia. Com o concerto *Três Séculos de Música Nordestina — do Barroco ao Armorial* e uma exposição de artes plásticas, é lançado oficialmente, a 18 de outubro, na Igreja de São Pedro dos Clérigos, no Recife, o Movimento Armorial, por ele idealizado para procurar uma arte erudita brasileira a partir da cultura popular. O *Auto da Compadecida* é publicado na França, pela Editora Gallimard, em tradução de Michel Simon-Brésil (*Le Jeu de la Miséricordieuse ou Le Testament du Chien*).

1971

A peça *A Pena e a Lei* é lançada, em junho, pela editora Agir. Em agosto, é publicado, pela Editora José Olympio, o *Romance d'A Pedra do Reino*. Para o exemplar do editor, escreve a seguinte dedicatória: "Mestre José Olympio: A única coisa que posso lhe dizer neste momento é que a edição deste livro por você era um sonho meu. Estou, então, não é alegre, não: é profundamente orgulhoso. Com o afetuoso abraço de Ariano. Rio, 1. IX. 71".

1972

Funda o Quinteto Armorial. O *Romance d'A Pedra do Reino* recebe o Prêmio Nacional de Ficção, do Instituto Nacional do Livro — INL/MEC. Deixa o Conselho Estadual de Cultura de Pernambuco. Estreia, no *Jornal da Semana*, do Recife, na edição de 17 a 23 de dezembro, uma página literária semanal, intitulada "Almanaque Armorial do Nordeste".

1973

Desliga-se do Conselho Federal de Cultura.

1974

A Editora José Olympio publica três de suas peças: em janeiro, em volume único, *O Santo e a Porca* e *O Casamento Suspeitoso*; em maio, a *Farsa da Boa Preguiça*, ambos os volumes com estampas de Zélia Suassuna. Encerra a publicação do "Almanaque Armorial do Nordeste" no *Jornal da Semana*, na edição de 2 a 8 de junho. A Editora universitária da Universidade Federal de Pernambuco publica *O Movimento Armorial*, contendo a base teórica do Movimento lançado em 1970. É publicado, pelas Edições Guariba, do Recife, o álbum *Ferros do Cariri: Uma Heráldica Sertaneja*. A 1º de outubro, é dispensado, a pedido, da direção do DEC/UFPE. Em dezembro, a Editora José Olympio publica, em convênio com o INL/MEC, a *Seleta em Prosa e Verso de Ariano Suassuna*, com estudo, comentários e notas de Silviano Santiago e estampas de Zélia Suassuna, livro que será lançado no início do ano seguinte.

1975

Publica *Iniciação à Estética*, pela Editora da Universidade Federal de Pernambuco. A convite do prefeito Antônio Farias, assume o cargo de secretário de educação e cultura do Recife. A 15 de novembro, dá início à publicação de "Ao Sol da Onça Caetana", primeiro livro da *História d'O Rei Degolado nas Caatingas do Sertão*, em folhetim semanal no *Diário de Pernambuco*. A 18 de dezembro, com a estreia, no Teatro Santa Isabel, da Orquestra Romançal Brasileira, por ele fundada, encerra-se a primeira fase do Movimento Armorial, chamada de "Experimental", iniciando-se a segunda, a fase "Romançal".

1976

A 25 de abril, conclui os folhetins do primeiro livro de *O Rei Degolado*, iniciando, a 2 de maio, a publicação do segundo, intitulado "As Infâncias de Quaderna", no mesmo *Diário de Pernambuco*. A 18 de junho, estreia, no Teatro Santa Isabel, o Balé Armorial do Nordeste, por ele idealizado, com direção e coreografia de Flávia Barros. É inaugurada, a 26 de agosto, no Recife, no Casarão João Alfredo, a exposição *Os Dez Anos de Casa Caiada no Mundo do Armorial*, com tapetes criados a partir dos desenhos que realizou para ilustrar o *Romance d'A Pedra do Reino* e a *História d'O Rei Degolado*. A exposição segue para o Rio, sendo inaugurada no Museu Nacional de Belas Artes, a 16 de dezembro. A 30 de dezembro, defende, na Universidade Federal de Pernambuco, sua tese de livre-docência, intitulada *A Onça Castanha e a Ilha Brasil: uma Reflexão sobre a Cultura Brasileira*, com a qual recebe diploma de doutor em História.

1977

Publicação, em março, pela Editora José Olympio, do primeiro livro da *História d'O Rei Degolado nas Caatingas do Sertão*, intitulado "Ao Sol da Onça Caetana". A 19 de junho, conclui a publicação dos folhetins de "As Infâncias de Quaderna". A 26 de junho, com o artigo "A confissão desesperada", passa a assinar coluna opinativa aos domingos, no mesmo *Diário de Pernambuco*.

1978

A 31 de maio, é exonerado, a pedido, do cargo de secretário de educação e cultura do Recife.

1979

O *Romance d'A Pedra do Reino* é publicado na Alemanha, edição de Hobbit Presse/Klett-Cotta, de Stuttgart, em tradução de Georg Rudolf Lind (*Der Stein des Reiches*).

1980

Lança o álbum de iluminogravuras *Dez Sonetos com Mote Alheio*.

1981

Publica, no *Diário de Pernambuco*, a 9 de agosto, o célebre artigo "Despedida", encerrando a sua colaboração dominical com o jornal e comunicando o seu afastamento da vida literária. Deixa de dar entrevistas e de participar de eventos culturais, limitando-se à sua atividade docente na Universidade Federal de Pernambuco.

1985

Lança o álbum de iluminogravuras *Sonetos de Albano Cervonegro*.

1986

O *Auto da Compadecida* é publicado pela editora Diá, de St. Gallen/Wuppertal, em tradução alemã de Willy Keller (*Das Testament des Hundes oder Das Spiel von Unserer Lieben Frau der Mtleidvollen*).

1987

Estreia o filme *Os Trapalhões no Auto da Compadecida*, baseado em sua obra e dirigido por Roberto Farias. A 16 de junho, para comemorar seu aniversário de 60 anos, intelectuais, artistas populares e admiradores em geral promovem uma grande festa em frente à sua residência, na rua do Chacon, no bairro de Casa Forte, no Recife. Também por ocasião do seu aniversário, a Editora da UFPE lança a plaquete *Suassuna e o Movimento Armorial*, de George Browne Rêgo e Jarbas Maciel. Volta a escrever para teatro, com a peça *As Conchambranças de Quaderna*.

1988

Em setembro, a peça *As Conchambranças de Quaderna* estreia no Teatro Valdemar de Oliveira, no Recife, em montagem da Cooperarteatro, com direção de Lúcio Lombardi e cenários e figurinos de Romero de Andrade Lima.

1989

É publicada, pela Editora Record, do Rio de Janeiro, sua tradução do livro *The Revolution that Never Was* (*A Revolução que Nunca Houve*), do escritor norte-americano Joseph A. Page. Aposenta-se do cargo de professor da Universidade Federal de Pernambuco, onde lecionou Estética, História da Arte, Cultura Brasileira, Teoria do Teatro e disciplinas afins.

1990

A 26 de abril, morre sua mãe, D. Rita Suassuna, aos 94 anos. A 9 de agosto, toma posse na Academia Brasileira de Letras (cadeira nº 32). Filia-se, pela primeira vez na vida, a um partido político, o Partido Socialista Brasileiro (PSB).

1991

A 26 de outubro, é publicada, na *Folha de S. Paulo*, uma extensa entrevista concedida a Marilene Felinto e Alcino Leite Neto, anunciando a escritura de um novo romance.

1992

O *Auto da Compadecida* é publicado na Itália, pela Guaraldi/Nuova Compagnia Editrice, em tradução de Laura Lotti.

1993

É realizada, em São José do Belmonte, Pernambuco, por jovens do município, a I Cavalgada à Pedra do Reino. A editora Francisco Alves, do Rio de Janeiro, lança o livro *O Sertão Medieval: Origens Europeias do Teatro de Ariano Suassuna*, de Ligia Vassallo. A 1º de dezembro, toma posse na Academia Pernambucana de Letras (cadeira nº 18).

1994

A 12 de julho, a Rede Globo de Televisão exibe o especial *Uma Mulher Vestida de Sol*, baseado na sua primeira peça de teatro e dirigido por Luiz Fernando Carvalho. A editora Bagaço, do Recife, publica o seu primeiro romance, *A História do Amor de Fernando e Isaura*, cujo lançamento ocorre a 7 de outubro. A Editora da Universidade Federal da Paraíba publica a *Aula Magna*, transcrição da conferência que proferiu na instituição a 16 de novembro de 1992.

1995

A convite do governador Miguel Arraes, assume, a 1º de janeiro, a Secretaria de Cultura de Pernambuco. A 28 de maio, participa, em São José do Belmonte, da III Cavalgada à Pedra do Reino, agora organizada pela Associação Cultural Pedra do Reino, que lhe confere o título de Cavaleiro da Pedra do Reino. Em junho, apresenta o Projeto Cultural Pernambuco-Brasil, por ele elaborado para nortear as ações da Secretaria de Cultura, entre as quais se inclui a apresentação de "aulas-espetáculo" contendo explicações "sobre a cultura brasileira popular e erudita, com exibição de números de música e dança ou de imagens ligadas à arquitetura, à escultura, à pintura etc." A 30 de novembro, a Universidade Federal de Pernambuco concede-lhe o título de Professor Emérito. A 5 de dezembro, a Rede Globo de Televisão apresenta o especial *A Farsa da Boa Preguiça*, baseado em sua peça, com direção de Luiz Fernando Carvalho e cenários assinados por seu filho, Manuel Dantas Suassuna.

1996

Escreve *A História do Amor de Romeu e Julieta*, peça em um ato, a partir de um folheto de cordel. Com Antonio Madureira, que liderara o Quinteto Armorial, funda o Quarteto Romançal, ligado à Secretaria de Cultura de Pernambuco. A 26 de setembro, realiza, no Teatro do Parque, no Recife, a "Grande Cantoria Louro do Pajeú", aula-espetáculo em que apresenta repentistas, em comemoração ao cinquentenário da cantoria por ele organizada em 1946, enquanto estudante de Direito. A 14 de novembro, estreia, no Teatro da Universidade Federal de Pernambuco, a peça *A História do Amor de Romeu e Julieta*, montagem da Trupe Romançal de Teatro, sob a direção de Romero de Andrade Lima, com cenários de Manuel Dantas Suassuna e figurinos de Luciana Buarque.

1997

A 19 de janeiro, o suplemento "Mais!", da *Folha de S.Paulo*, publica o texto da peça *A História do Amor de Romeu e Julieta*, ilustrado com gravuras de J. Borges. A 15 de junho, um domingo, o *Jornal do Commercio*, do Recife, publica caderno especial em homenagem aos seus 70 anos. A 26 de agosto, é inaugurado, no Recife, o Teatro Arraial, fruto do seu trabalho na Secretaria de Cultura, e cujo nome homenageia o arraial de Canudos. A 20 de novembro, estreia, no Teatro do Parque, do Recife, *A Pedra do Reino*, uma adaptação teatral do seu romance, realizada por Romero de Andrade Lima, que também assina a direção, com cenários de Manuel Dantas Suassuna. A 16 de dezembro, o artista plástico Guilherme da Fonte inaugura, na Academia Pernambucana de Letras, a exposição *Mosaicos Armoriais*, com trabalhos em granito e mármore, realizados a partir dos seus desenhos. O Ministério da Cultura lança o vídeo *Aula-Espetáculo*, com direção e roteiro de Vladimir Carvalho, contendo um registro condensado da aula-espetáculo que apresentou a convite do Ministério, na Universidade de Brasília.

1998

Concebe e escreve o roteiro do espetáculo de dança *A Demanda do Graal Dançado*, que estreia a 19 de março, no Teatro Arraial, com coreografia de Maria Paula Rêgo e direção de arte e cenografia de Manuel Dantas

Suassuna. Elabora o roteiro musical para o espetáculo de dança *Pernambuco – do Barroco ao Armorial*, cuja estreia ocorre a 22 de maio, no Teatro Arraial, com direção geral de Marisa Queiroga, coreografias de Heloísa Duque e cenários e figurinos de Manuel Dantas Suassuna. A 9 de setembro, é lançado, no Recife, o CD *A Poesia Viva de Ariano Suassuna*, em que declama seus poemas sob fundo musical de Antonio Madureira. O *Romance d'A Pedra do Reino* é publicado na França, pelas edições Métailié, de Paris, em tradução de Idelette Muzart Fonseca dos Santos (*La Pierre du Royaume*). É editado, em Portugal, pela Aríon Publicações, de Lisboa, o seu ensaio *Olavo Bilac e Fernando Pessoa: uma presença brasileira em Mensagem?*, originalmente publicado na revista *Estudos Universitários*, da UFPE, em 1966. A 31 de dezembro, com o fim do governo de Miguel Arraes, deixa a Secretaria de Cultura de Pernambuco.

1999

De 5 a 8 de janeiro, a Rede Globo de Televisão exibe os quatro capítulos da minissérie *O Auto da Compadecida*, adaptação de sua peça realizada por Guel Arraes, Adriana Falcão e João Falcão, com direção de Guel Arraes. A 2 de fevereiro, estreia coluna semanal, às terças-feiras, no jornal *Folha de S.Paulo*, na seção "Opinião". A 19 de março, estreia, no programa *NE-TV: 1ª Edição*, da Rede Globo, o quadro "O Canto de Ariano", apresentado semanalmente, às sextas-feiras. Ainda em março, estreia coluna mensal na revista *Bravo!*, na seção "Ensaio!". A Editora da UFPE publica uma antologia de seus poemas organizada por Carlos Newton Júnior. O *Auto da Compadecida* é publicado em bretão, na cidade de Brest, França, em tradução de Remi Derrien. A Editora da Unicamp lança o livro *Em Demanda da Poética Popular: Ariano Suassuna e o Movimento Armorial*, de Idelette Muzart Fonseca dos Santos.

2000

A 27 de abril, recebe, em Natal, o título de Doutor Honoris Causa da Universidade Federal do Rio Grande do Norte. Em junho, encerra sua colaboração com a revista *Bravo!*. A 4 de julho, encerra a coluna que vinha escrevendo na *Folha de S.Paulo*, às terças, para estrear a 10 de julho, em novo formato e no mesmo jornal, às segundas, uma outra coluna, que chama de "Almanaque Armorial". É inaugurada, a 25 de agosto, na unidade do SESC de Casa Amarela, no Recife, a exposição *Iluminogravuras*, com exemplares dos dois álbuns lançados na década de 1980. A 15 de setembro, estreia, nos cinemas, *O Auto da Compadecida*, dirigido por Guel Arraes, filme montado a partir da minissérie exibida no ano anterior. Toma posse, a 9 de outubro, na Academia Paraibana de Letras (cadeira nº 35). É lançada, pela editora A União, de João Pessoa, a plaquete *Ariano Suassuna*, escrita pelo jornalista José Nunes para a série histórica "Paraíba: Nomes do Século". A 6 de dezembro, é lançado, no Recife, no Forte das Cinco Pontas, o número 10 da coleção *Cadernos de Literatura Brasileira*, do Instituto Moreira Salles, dedicado à sua obra. A 26 de dezembro, é exibido, na Rede Globo, o especial *O Santo e a Porca*, baseado em sua peça, com roteiro de Adriana Falcão e direção de Maurício Farias.

2001

A 26 de março, encerra a publicação do "Almanaque Armorial" na *Folha de S.Paulo*. A 31 de outubro, recebe, no Rio, título de Doutor Honoris Causa, concedido pela Universidade Estadual do Rio de Janeiro.

2002

É homenageado no carnaval do Rio de Janeiro pela escola de samba Império Serrano, que desfila na Sapucaí com o enredo *Aclamação e Coroação do Imperador da Pedra do Reino Ariano Suassuna*. A 15 de maio, recebe, em Aracaju, título de Doutor Honoris Causa, concedido pela Universidade Federal de Sergipe. A 16 de junho, por ocasião do seu aniversário de 75 anos, o jornal *A União*, da Paraíba, dedica-lhe um caderno especial, editado pelo jornalista William Costa. A 29 de junho, em João Pessoa, recebe título de Doutor Honoris Causa, concedido pela Universidade Federal da Paraíba. A 10 de agosto, recebe, em Salvador, o Prêmio Nacional Jorge Amado de Literatura e Arte. A editora Palas Athena, de São Paulo, publica o livro *O Cabreiro Tresmalhado: Ariano Suassuna e a Universalidade da Cultura*, de Maria Aparecida Lopes Nogueira.

2003

Em maio, reescreve a peça *Os Homens de Barro*, cuja primeira versão havia sido concluída em 1949. A 29 de setembro, recebe, em Mossoró, título de Doutor Honoris Causa concedido pela Universidade do Estado do Rio Grande do Norte. A 25 de novembro, na sede da Academia Brasileira de Letras, no Rio, é lançado o documentário em longa-metragem *O Sertãomundo de Suassuna*, do cineasta Douglas Machado.

2005

A editora Agir lança edição especial do *Auto da Compadecida*, em comemoração aos 50 anos da peça. A edição é ilustrada por Manuel Dantas Suassuna e contém textos críticos de Braulio Tavares, Carlos Newton Júnior e Raimundo Carrero. A 31 de julho, o jornal *O Povo*, de Fortaleza, lança caderno especial sobre a sua obra, editado pela jornalista Eleuda de Carvalho, antecipando as comemorações dos seus 60 anos de vida literária, completados a 7 de outubro. A 25 de agosto, recebe, em Passo Fundo (RS), título de Doutor Honoris Causa, concedido pela Universidade de Passo Fundo. A 25 de novembro, recebe, no Recife, título de Doutor Honoris Causa, concedido pela Universidade Federal Rural de Pernambuco. A editora 7 Letras, do Rio de Janeiro, lança *Teatro e Comicidades: Estudos sobre Ariano Suassuna e Outros Ensaios*, de vários autores, com organização de Beti Rabetti. O fotógrafo Gustavo Moura lança o livro *Do Reino Encantado*, com fotografias inspiradas no sertão suassuniano.

2006

A 14 de março, ministra aula-espetáculo de abertura do ano acadêmico na Academia Brasileira de Letras, e participa, logo em seguida, na Galeria Manuel Bandeira, da abertura da exposição *Do Reino Encantado: Iluminogravuras de Ariano Suassuna e fotografias de Gustavo Moura*, sob a curadoria de Alexei Bueno. A 13 de maio, é apresentado o último programa do quadro "O Canto de Ariano". A 25 de maio, recebe, na Câmara Municipal de São Paulo, o título de Cidadão Paulistano. Estreia em São Paulo, a 20 de julho, no Teatro Anchieta, do SESC, o espetáculo *A Pedra do Reino*, adaptação para teatro do *Romance d'A Pedra do Reino* e da *História d'O Rei Degolado*, realizada e dirigida por Antunes Filho. A 21 de agosto, antecipando as comemorações dos seus 80 anos, a Universidade Federal de Pernambuco lança o Núcleo Ariano Suassuna de Estudos Brasileiros (NASEB).

2007

A convite do governador Eduardo Campos, assume, a 1º de janeiro, a Secretaria Especial de Cultura de Pernambuco. A 19 de janeiro, comemora, com Zélia, filhos e netos, as suas Bodas de Ouro. A 23 de abril, por ocasião da abertura do 11º Cine PE, no Centro de Convenções de Pernambuco, é exibido o documentário em longa-metragem *O Senhor do Castelo*, do cineasta Marcus Vilar, sobre sua vida e obra. Recebe, em Salvador, na Assembleia Legislativa, a 10 de maio, o título de Cidadão Baiano. Por ocasião do seu 80º aniversário, recebe uma série de homenagens. Em João Pessoa, é homenageado durante o 3º CINEPORT (Festival de Cinema de Países de Língua Portuguesa), de 4 a 13 de maio, com uma exposição de fotografias de Gustavo Moura. No Rio de Janeiro, realiza-se, entre os dias 10 e 17 de junho, sob a coordenação artística da atriz Inez Viana, o projeto Ariano Suassuna 80, promovido pela Sarau Agência de Cultura Brasileira, com apoio da Rede Globo. O projeto é iniciado com uma aula-espetáculo no Theatro Municipal e segue com uma "Semana Armorial", com extensa programação de palestras, mesas-redondas, exposições, apresentações musicais, exibição de filmes etc. De 12 a 16 de junho, a Rede Globo exibe a minissérie *A Pedra do Reino*, em 5 capítulos, adaptação do seu romance realizada por Luiz Fernando Carvalho, Luís Alberto de Abreu e Braulio Tavares, com direção de Luiz Fernando Carvalho. A 14 de junho, é lançado, no município de Floriano, durante uma "Semana de Arte Armorial" promovida pelo Centro Federal de Educação, Ciência e Tecnologia do Piauí, o documentário em média-metragem *Ariano Suassuna: Cabra de Coração e Arte ou O Cavaleiro da Alegre Figura*, do cineasta Claudio Brito. A 12 de julho, a Academia Brasileira de Letras promove uma mesa-redonda em sua homenagem, no Salão Nobre do Petit Trianon, com Moacyr Scliar, José Almino de Alencar e Carlos Newton Júnior, seguida da abertura da exposição *Ariano Suassuna, uma fotobiografia*, na Galeria Manuel Bandeira. De 18 a 30 de setembro, realiza-se, em São Paulo, o projeto Ariano Suassuna 80 anos: o local e o universal, também iniciado com aula-espetáculo do autor e com uma extensa programação de palestras, exposições, mostra de filmes etc. De 29 a 30 de outubro, realiza-se, na Universidade Paris X — Nanterre, França, o Colóquio Ariano Suassuna 80 anos, com conferências e mesas-redondas sobre a sua obra. Ainda no âmbito das comemorações dos seus 80 anos, são lançados três livros sobre a sua vida e a sua obra: *ABC de Ariano Suassuna*, de Braulio Tavares, pela Editora José Olympio; *Ariano Suassuna: Um Perfil Biográfico*, de Adriana Victor e Juliana Lins, pela Editora Jorge Zahar; *Ode a Ariano Suassuna*, organizado por Maria Aparecida Lopes Nogueira, contendo ensaios e depoimentos de vários autores, pela Editora da UFPE. A 25 de setembro, recebe, na Câmara Municipal de Natal, título de Cidadão Natalense. Em dezembro, a Editora Paulistana, de São Paulo, lança *Discurso e Memória em Ariano Suassuna*, com textos de vários autores e organização de Guaraciaba Micheletti.

2008

É homenageado no carnaval de São Paulo pela escola de samba Mancha Verde. A 20 de agosto, é lançado, no Rio de Janeiro, pela Editora José Olympio, o *Almanaque Armorial*, coletânea de seus ensaios organizada por Carlos Newton Júnior.

2009

A 21 de setembro, é lançado, em João Pessoa, o documentário em média-metragem *Ariano: Impressões*, do cineasta Claudio Brito.

2010

A 10 de junho, recebe, em Fortaleza, título de Doutor Honoris Causa, concedido pela Universidade Federal do Ceará. A 24 de agosto, em Maceió, recebe o título de Doutor Honoris Causa, concedido pela Universidade Federal de Alagoas. A 6 de outubro, no Recife, morre seu filho mais velho, Joaquim, aos 53 anos. A 31 de dezembro, deixa a Secretaria Especial de Cultura de Pernambuco.

2011

A Editora José Olympio publica sua peça *Os Homens de Barro*. O artista plástico Alexandre Nóbrega lança o livro *O Decifrador*, ensaio fotográfico realizado a partir das suas viagens para ministrar aulas-espetáculo em diversas cidades do país. A 13 de agosto, na fazenda Carnaúba, em Taperoá, sob a coordenação artística de seu filho, Manuel Dantas Suassuna, dá início à execução da "Ilumiara Jaúna", conjunto escultórico em baixo-relevo que será descrito no *Romance de Dom Pantero no Palco dos Pecadores*.

2013

A 17 de abril, o cineasta Claudio Brito lança mais um documentário sobre a sua obra, o longa-metragem *Ariano: Suassunas*. Começa a apresentar problemas de saúde. A 21 de agosto, é internado, no Hospital Português, no Recife, devido a um infarto. A 4 de setembro, recebe alta do Hospital, para continuar tratamento de recuperação em casa.

2014

É homenageado no carnaval do Recife pelo bloco O Galo da Madrugada, comparecendo ao desfile. A 18 de julho, ministra, em Garanhuns, Pernambuco, no âmbito do Festival de Inverno, aquela que seria a sua última aula-espetáculo. A 21 de julho é internado, no Hospital Português do Recife, vítima de acidente vascular cerebral hemorrágico, morrendo a 23 de julho, de parada cardíaca. É sepultado, no dia 24, no cemitério Morada da Paz, em Paulista, município da Região Metropolitana do Recife. Deixa, inédito, entre outras obras, o *Romance de Dom Pantero no Palco dos Pecadores*. É homenageado na 10ª Festa Literária Internacional de Pernambuco (FLIPORTO), que acontece de 13 a 16 de novembro, em Olinda. A 19 de dezembro, o Tribunal de Contas do Estado da Paraíba inaugura, em João Pessoa, o Centro Cultural Ariano Suassuna, edifício projetado pelo arquiteto Expedito Arruda, contendo auditório, salão de exposições, biblioteca etc.

2015

A revista literária *Hoblicua* dedica número especial em sua homenagem. Em setembro, é publicada, pela Vittoria Iguazu Editora, de Livorno, nova edição italiana do *Auto da Compadecida*, com tradução de Riccardo Greco (*La Misericordiosa*). A 4 de outubro, realiza-se em Taperoá, Paraíba, no âmbito do IV Festival Internacional de Folclore e Artes do Cariri, mesa-redonda em comemoração aos 60 anos do *Auto da Compadecida*, com participação do ator Matheus Nachtergaele, do artista plástico Manuel Dantas Suassuna e do escritor Carlos Newton Júnior.

2016

O condomínio de herdeiros de Ariano Suassuna assina contrato para edição de toda a sua obra com a editora Nova Fronteira, do Rio de Janeiro.

2017

A 16 de junho, no âmbito das comemorações dos 90 anos de seu nascimento, é publicada, pela Editora Nova Fronteira, a 16ª edição do *Romance d'A Pedra do Reino*, a primeira a apresentar o texto em versão definitiva, contendo as últimas alterações que deixou em manuscrito. A 9 de dezembro, com a aula-espetáculo "Dom Pantero e Nós", coordenada por Manuel Dantas Suassuna, com participação de Carlos Newton Júnior, Ricardo Barberena e Ester Suassuna Simões, é lançado, no Recife, pela Nova Fronteira, o *Romance de Dom Pantero no Palco dos Pecadores*, livro ao qual se dedicou por mais de duas décadas e que considerava como uma súmula de todo o seu trabalho de escritor e artista plástico.

2018

A Editora Nova Fronteira lança o seu *Teatro Completo*, em quatro volumes, contendo oito peças inéditas e três peças por ele traduzidas. A Academia Brasileira de Letras lança o volume *Ariano Suassuna*, da "Série Essencial" (nº 93), de autoria de Carlos Newton Júnior.

2020

A Editora Nova Fronteira lança o seu romance *O Sedutor do Sertão ou O Grande Golpe da Mulher e da Malvada*, escrito em 1966 e até então inédito.

2021

A Editora Nova Fronteira lança *A Pensão de Dona Berta e Outras Histórias para Jovens*, coletânea de textos que escreveu para a imprensa, com seleção e organização de Carlos Newton Júnior e ilustrações de Manuel Dantas Suassuna.

DIREÇÃO EDITORIAL
Daniele Cajueiro

EDITORA RESPONSÁVEL
Janaína Senna

PRODUÇÃO EDITORIAL
Adriana Torres
Laiane Flores
Daniel Dargains

FIXAÇÃO DE TEXTO E CRONOLOGIA DO AUTOR
Carlos Newton Júnior

REVISÃO
Alessandra Volkert
Mariana Gonçalves

DIAGRAMAÇÃO
Alfredo Rodrigues

Este livro foi impresso em 2022
para a Nova Fronteira.